U0725311

百名院士的红色情缘

中国工程院
光明日报社

著

人民邮电出版社

北京

图书在版编目（CIP）数据

百名院士的红色情缘 / 中国工程院，光明日报社著
. -- 北京 : 人民邮电出版社，2022.6
ISBN 978-7-115-59259-0

Ⅰ. ①百… Ⅱ. ①中… ②光… Ⅲ. ①院士－事迹－
中国－现代 Ⅳ. ①K826.1

中国版本图书馆CIP数据核字(2022)第074019号

内 容 提 要

  本书回望中国科技发展史上那些坚卓深邃的红色足迹，分"担当""求索""躬行""情怀"四个篇章，讲述了100名中国工程院院士与中国共产党之间的红色情缘，并以科学家精神内涵为框架，立体呈现他们面向世界科技前沿、面向经济主战场、面向国家重大需求、面向人民生命健康，在科研创新一线躬行求索、忘我奉献的动人故事。本书展现了钱学森、朱光亚、王大珩、彭士禄、袁隆平等科学家是如何为民族复兴、人民幸福，担负时代重任，始终与党同心同德、同向同行，共同绘就了科教兴国、科技强国的奋斗篇章。

  本书生动反映了"跟党走、为人民"的科技界时代最强音，旨在激励广大科技工作者肩负历史重任，迎着新一轮科技革命和产业变革的潮头奋力前行。

封面题字：潘云鹤

 ◆ 著   中国工程院 光明日报社

    责任编辑 韦 毅

    责任印制 李 东 焦志炜

 ◆ 人民邮电出版社出版发行 北京市丰台区成寿寺路 11 号

   邮编 100164 电子邮件 315@ptpress.com.cn

   网址 https://www.ptpress.com.cn

  涿州市般润文化传播有限公司印刷

 ◆ 开本：720×960 1/16

   印张：20.25   2022 年 6 月第 1 版

   字数：275 千字   2025 年 5 月河北第 13 次印刷

定价：69.80 元

读者服务热线：(010)81055410 印装质量热线：(010)81055316
反盗版热线：(010)81055315

序

创新是一个民族进步的灵魂，是一个国家兴旺发达的不竭动力，也是中华民族最深沉的民族禀赋。唯有敢于创新的国度，才是充满希望的热土。唯有勇于追梦的民族，才能创造光明的未来。

中国共产党成立以来，一直高度重视发展科学技术，团结带领人民开拓创新、锐意进取，绘就了科技强国的百年恢宏画卷，取得了令世人振奋、令世界瞩目的伟大成就，创造了中国式现代化新道路，创造了人类文明新形态。党的十八大以来，以习近平同志为核心的党中央把创新摆在国家发展全局的核心位置，我国科技加速跨越，国家创新体系更加健全，创新能力大幅提升，一批重大科技成果竞相涌现，科技事业取得历史性成就、发生历史性变革，编织起人民走向幸福、美好的希望版图，托举起中华民族伟大复兴的中国梦。

旗帜引领方向，思想照亮航程。以两院院士为代表的广大科技工作者积极响应党的号召，以国家民族命运为己任，把个人理想自觉融入国家发展伟业，在科学前沿孜孜求索，在重大科技领域不断取得突破，为经济发展、社会进步、国家强盛、人民幸福奉献了智慧、心血与汗水。

他们当中，有人冲破重重阻挠毅然回国，有人放弃优越生活条件奔赴艰苦地区，有人为惊天动地的事业隐姓埋名，有人潜心笃志一生只做一件事。在新民主主义革命、社会主义革命和建设、改革开放和社会主义现代化建设、中国特色社会主义新时代等不同时期，面向国家与人民的不同需求，他们肯牺牲、勤奋斗、能创造，前赴后继，薪火相传。他们在中国特色自主创新道路上留下砥砺奋进、攻坚克难的红色足迹，昭示了科技报国、服务人民的家国情怀，彰显了求真务实、勇攀高峰的科学精神，奏响了顶天立地、勇于担当的时代强音。

《光明日报》作为党和国家联系广大知识分子的桥梁和纽带，以其博大精深的人文内涵、独具特色的风格定位和敏锐权威的宣传报道，在传播科学思想、弘扬科学精神方面发挥着积极的作用，在国内外有着广泛的影响。

2021年，在"两个一百年"奋斗目标的历史交汇点上，为纪念党的百年奋斗历程，传承红色基因、赓续红色血脉，中国工程院与光明日报社合作推出"百名院士的红色情缘"专栏，回顾院士们在党的领导下义无反顾投身科技事业而作出的突出贡献，讲述他们与党结缘、与党同心、与党同行的动人故事，弘扬他们初心不改、奋斗不止的崇高精神。结集出版院士们科技报国的事迹，旨在回望中国科技发展史上那些坚卓深邃的红色足迹，激励广大科技工作者面向世界科技前沿、面向经济主战场、面向国家重大需求、面向人民生命健康，勇对挑战、迎难而上，坚定理想信念、强化担当作为，将红色精神发扬光大。

"有为之时，莫急于今日。"当今世界正经历百年未有之大变局，新一轮科技革命和产业变革突飞猛进，科学技术和经济社会发展加速渗透融合，科技创新成为国际战略博弈的主要战场。立足新发展阶段，贯彻新发展理念，构建新发展格局，推动高质量发展，必须坚持创新在我国现代化建设全局中的核心地位，把科技自立自强作为国家发展的战略支撑。面对新形势新任务新要求，科技工作者必须抱有间不容发的危机感、只争朝夕的紧迫感，以时不我待的精神发愤图强、勇毅前行，不断激发创新动力，在实现第二个百年奋斗目标的新征程中书写新的篇章。

江流入海，长天寥廓；科技强国，任重道远。作为百年奋斗路上的坚定传承者，中国工程院院士将肩负起历史赋予的重任，充分发挥工程科技的支撑引领作用，做永远跟党走的忠士、实现科技自立自强的斗士、传承红色基因的志士、捍卫院士称号纯洁性的卫士，为建设世界科技强国、实现中华民族伟大复兴的中国梦作出新的更大的贡献！

中国工程院党组书记、院长　李晓红

2022 年 4 月

前　言

科技立则民族立，科技强则国家强！

在中国共产党带领中华民族实现伟大复兴的百年征程中，一代又一代科学家，响应党的号召，听从祖国召唤，以"为有牺牲多壮志，敢教日月换新天"的大无畏气概，在各个历史时期，为科技进步、国家发展、人民幸福作出了突出贡献。

2021年6月29日，习近平总书记首次颁授"七一勋章"并发表重要讲话。在此次荣誉表彰中，中国工程院吴天一、陆元九两位院士荣获党内最高荣誉"七一勋章"，吴良镛、钱七虎、任继周等18位院士获得"全国优秀共产党员"荣誉称号。

院士是国家的财富、人民的骄傲、民族的光荣。多年来，中国工程院院士积极响应党和国家的号召，笃定初心、勇担使命，矢志不渝地为党和人民的事业无私奉献，真正做到了把论文写在祖国的大地上。

作为知识分子的精神家园，《光明日报》深入贯彻落实习近平总书记致本报创刊70周年贺信重要指示精神，在团结、联系、引导、服务知识界，做好两院院士宣传报道等方面积极开拓、锐意进取，在新时代更加努力讲好科学家的故事，努力弘扬以爱国主义为底色的科学家精神。

2021年是中国共产党成立100周年，也是"两个一百年"奋斗目标的历史交汇点，更是开启全面建设社会主义现代化国家新征程的重要时刻。

在这一历史时刻，光明日报社与中国工程院独家合作，在《光明日报》一版重要位置开设"百名院士的红色情缘"专栏，聚焦"院士"这一知识分子的杰出代表群体，讲述他们与党结缘、与党同心、与党同行的故事，回望中国科技发展史上那些坚卓深邃的红色足迹。

为了体现《光明日报》的文化特色，彰显院士们的精神风貌，我们特邀中国工程院原常务副院长、计算机专家潘云鹤院士为"百名院士的红色情缘"专栏题写栏头。当了解到专栏设置的缘起，他欣然挥毫，九个大字一气呵成，遒劲有力。我们还特邀光明日报社摄美部高级编辑郭红松为院士们精心绘制了人像素描。他妙手丹青，激情挥洒，院士神采跃然纸上。

由中国工程院 9 个学部推选并经党组审定的 100 名院士中，既有"两弹一星"元勋、"共和国勋章"获得者、国家最高科学技术奖获得者，也有在全面建成小康社会各个领域作出突出贡献的"年轻"院士，允分体现了权威性、广泛性、代表性和典型性——他们或拥有共和国最高学术荣誉称号，是各自领域的领军者；他们或忘我奉献，"干惊天动地事，做隐姓埋名人"；他们或学术造诣深、科学视野广，为民族复兴、人民幸福担负起科学报国的时代重任。

历史川流不息，精神代代相传。在千字文里，为凝练院士们胸怀祖国、服务人民的爱国精神，历尽艰险、矢志不渝的红色情缘，力求真实有据、细节生动，我们组织协调了多名擅长科技人物报道的骨干记者和编辑，组成特别报道组和编辑专班，积极践行"四力"，在中国工程院的大力支持下，深入采访院士本人及亲朋等群体，参阅院士的传记、专著、入党志愿书等相关文献、影像资料，积累了大量第一手素材。

"百名院士的红色情缘"专栏推出后，在社会各界特别是知识界引发热烈反响，多家中央媒体致电交流策划心得，人民网、新华网、学习强国等近百家主流媒体广泛转载转发。在光明网的支持下，同步推出系列全媒体报道，还在科普中国、哔哩哔哩、微博等网络平台进行了二次栏目策划，收到良好效果，自该专栏上线以来，相关作品累计阅读量达 1.2 亿人次。

在长达近一年的采写、编发过程中，我们被感动着，也用文字、影像感动着更多的人。尤其让我们欣慰的是，该专栏受到了高校学子和年轻科技工作者的欢迎，"致敬"不断。北京理工大学等多所高校和科研单位更是将该专栏列为党史学习教育的材料，院士们成为年轻人心中胸怀祖国、服务人民的表率，追求真理、勇攀高峰的带头人，坚守学术道德、严谨治学的模范，甘为人梯、奖掖后学的榜样。

让科技报国的传统薪火相传，是我们把专栏里的文章结集成册的初心。在此特别感谢中国工程院党组和光明日报社编委会的大力支持，感谢人民邮电出版社从出版角度提出了诸多专业建议，让这本书能够如此感人励志地呈现在读者面前。

新时代更需要继承发扬以国家民族命运为己任的爱国主义精神，更需要继续发扬以爱国主义为底色的科学家精神。本书分为"担当""求索""躬行""情怀"四个篇章，生动地叙述了院士们是如何面向世界科技前沿、面向经济主战场、面向国家重大需求、面向人民生命健康，肩负起时代赋予的重任的。

我们期待这本书能够让读者在中国共产党党史的脉络里，重温钱学森、朱光亚、王大珩等科学巨擘的科研报国之路，鼓励国人，尤其是年轻人，不忘初心、牢记使命，不畏艰险、勇于创新，为党、为祖国、为人民而不懈奋斗！

《光明日报》编写组

2022 年 4 月

目　录

—— **求　索**　他们是无人区里的探索者，从 0 到 1，从无到有，在空中起楼阁，在沙中堆高塔，在 片混沌中开辟新天地

躬　行

他们把论文写在祖国的大地上，用科技成果助力国家的建设，
用信仰照亮前行路，用知识托起新曙光

情　怀

他们探幽析微、上下求索，为生命保驾护航，为民生殚精竭虑，
书写了对科学的虔诚、对人民的忠诚

担当

钱学森:
那一天，我激动得彻夜未眠

朱光亚:
回去吧，祖国在向我们召唤

侯祥麟:
终生信仰不曾动摇

师昌绪:
什么地方需要我，我就到那里去！

陆元九:
100 分才及格

王小谟:
"红色国防工程师"，一辈子只为一件事

黄旭华:
此生属于祖国，此生无怨无悔

王永志:
祖国的需要就是我前进的方向

顾诵芬:
心中要有国家，永远把国家放在第一位

彭士禄:
只要祖国需要，我当然愿意

栾恩杰:
接"嫦娥"回家是对祖国的承诺

张履谦:
对祖国无比热爱，对党无比忠诚

他们在历史的回响中，听见时代的呼声，想国家之所想、急国家之所急，毕生奋斗，成就「大我」，铸就大国

毛二可：
党的事业就是我的奋斗方向

潘镜芙：
我一定要造大船、造大军舰

戚发轫：
相信党，跟党走

孙晋良：
把国家的需要作为自己最大的责任

童志鹏：
心为新中国电信事业跳动

钟山：
科技强军为国铸"弹"

杜祥琬：
绝对服从祖国的需要

杨绍卿：
我愿意为中国国防科技事业奋斗终身

王兴治：
自主创新，30多年前我国红箭-8导弹赶上世界先进水平

张彦仲：
不慕名利的国产大飞机专家

朵英贤：
用枪筑起我们的"新长城"

刘大响：
为祖国的蓝天铸"心"

钱学森（1911—2009），应用力学、航天技术和系统工程科学家。1957年当选为中国科学院学部委员（院士），1994年当选为中国工程院首批院士。曾长期担任我国火箭、导弹和卫星研制的技术领导职务，为创建和发展我国的导弹、航天事业做出了杰出贡献。获中国科学院自然科学奖一等奖、国家科学技术进步奖特等奖等奖项，荣获"国家杰出贡献科学家"荣誉称号、一级英雄模范奖章、"两弹一星"功勋奖章等。1959年加入中国共产党。

钱学森：

那一天，我激动得彻夜未眠

张 蕾

"我回国近三年来受到党的教育……使我体会到党的伟大，党为实现共产主义社会这一目标的伟大，我愿为这一目标奋斗并忠诚于党的事业。"

——摘自钱学森的入党申请书

作为新中国历史上享有崇高威望的"人民科学家"，钱学森的入党故事鲜为人知，而又感人至深。

1955年9月，钱学森经过五年的坚守与等待，终回祖国。回国途中，一位记者问钱学森："你究竟是不是共产党员？"钱学森回答："共产党员是无产阶级的先进分子，我还没有资格当一名共产党员呢！"

置身于如火如荼的社会主义建设热潮中，钱学森心底蕴藏多年的加入中国共产党的愿望越来越强烈。中国科学院前党组书记、常务副院长张劲夫生前这样回忆："一天晚上（1958年初春）钱学森同志一个人找到我家里，谈了他在美国20年，所有工作都是在做准备，准备将来为祖国做点事情，所以一美元的保险也不买。回国后，为使人民过上有尊严的幸福生活，将竭尽全力建设自己的国家；并郑重提出了入党的要求。"

据钱学森的秘书涂元季记述，1958年4月6日，钱学森向中国科学院力学研究所党总支递交了一份长达7页的思想汇报。4月19日，钱学森又递交了一份长达8页的"交心"材料。在这份材料里，他进一步谈了对中国共产党的认识、对党的各项方针政策的认识。

9月24日，钱学森正式提交了入党申请书。鉴于钱学森对党的深厚感情和认识上的进一步提高，力学研究所党总支认真研究后，决定发展钱学森为中国共产党党员。

在《中国工程院院士传记：钱学森传》作者奚启新看来，钱学森要求加入中国共产党，并不仅仅是为了追求进步，而是有其深层而久远的思想根源。"从青少年时期，他就开始接受先进思想教育，有着强烈的爱国主义情结。在交通大学读书时，好友之中就有几位是中共地下党员，他自己也参加了共产党的外围组织。到美国后，正值第二次世界大战期间，虽然身在异国，但心系祖国的抗日战争，对祖国的命运深为忧虑。"

"我所接触的党的领导同志，他们看事物的清晰、深刻，使我对他们起了敬佩之心……总的来说，这时期我对党的认识是很不对头的，党在我心目中只是一个个党员，不是一个组织。"钱学森曾如此剖析自己对党的片面认识，但回国后，他投身力学研究所和国防部第五研究院的工作，并参加了全国政协会议和访苏、参观、讲学等活动，目睹了新中国的种种新气象，对党的认识越来越深入。"这使我认识到党是集体，是一个可爱的集体，我开始对党有了感情。""我开始感到人民群众的大家庭，我是其中的一分子，我一定要拿出一切来为大家的幸福生活而奋斗！"

1959年1月5日，中国科学院力学研究所党总支正式通知钱学森，他被接收为中国共产党预备党员。钱学森后来说，在成为中国共产党党员的那一天，自己激动得彻夜未眠。

朱光亚（1924—2011），核物理学家。1980年当选为中国科学院学部委员（院士），1994年当选为中国工程院首批院士。我国核科学技术的主要开拓者之一，参与组织领导了我国原子弹、氢弹的研制及历次核试验，为我国核武器事业的创建与发展做出了重大贡献；参与组织领导了秦山核电站筹建、放射性同位素应用开发研究、国家高技术研究发展计划制定与实施及国防科技与武器装备发展战略研究等工作。1985年获国家科学技术进步奖特等奖，1999年获"两弹一星"功勋奖章。1956年加入中国共产党。

朱光亚：
回去吧，祖国在向我们召唤

金振娅

"同学们，听吧！祖国在向我们召唤，四万万五千万的父老兄弟在向我们召唤，五千年的光辉在向我们召唤，我们的人民政府在向我们召唤！回去吧！让我们回去把我们的血汗洒在祖国的土地上灌溉出灿烂的花朵。"

——摘自由朱光亚牵头组织起草的《给留美同学的一封公开信》

在"两弹一星"精神中，朱光亚留下了光彩夺目的坐标。

"一生为一大事来。他一生就做了一件事，但却是新中国血脉中，激烈奔涌的最雄壮力量。细推物理即是乐，不用浮名绊此生。遥远苍穹，他是最亮的星。"这是感动中国2011年度人物颁奖词中对朱光亚的评价。

在拥有50余年党龄的朱光亚心中，党和祖国的需要，就是他毕生为之奋斗的目标。

18岁那年，朱光亚转入位于昆明的国立西南联合大学理学院学习物理学，其间，他接触到了中共地下党员，开始接受共产主义思想的熏陶。

1946年9月，著名物理学家吴大猷推荐朱光亚和李政道赴美国留学，攻读核物理学专业。留学期间，朱光亚密切关注国内形势变化，积极组织学生进步活动，决心早日学成、报效祖国。

终于，等到了机会！

1949年10月1日，中华人民共和国成立。一时间，留美中国学生奔走相告。同年11月至12月，朱光亚等人在美国密歇根大学所在地安娜堡，以留美中国科学工作者协会的名义多次组织中国留学生座谈会，以"新中国与科学工作者""赶快组织起来回国去"等为主题，讨论科学工作者在建设新中国方面的作用，动员大家归国效力。

1949年底，朱光亚牵头组织起草了《给留美同学的一封公开信》，呼吁海外留学生回国参加国家建设，先后有52名中国留学生在公开信上签名。

归国心切，时不我待！朱光亚抢在美国对华实行全面封锁之前，于1950年2月搭乘"克利夫兰总统号"邮轮，辗转回到了祖国的怀抱。

朱光亚秉持坚定的共产主义信念，投身新中国的建设热潮。1956年4月，他光荣地加入了中国共产党。他把个人理想与祖国命运紧紧联系在一起，为我国的核科技事业和国防科技事业奋斗终身。

在中华大地上，第一颗原子弹爆炸、第一颗氢弹爆炸、第一次核航弹空投爆炸试验、第一次"两弹"结合试验、第一次地下核试验等一系列重大试验，都是在朱光亚的参与组织领导下进行的。

朱光亚不但被誉为中国科技"众帅之帅"，也是一位各方公认的战略科学家。他始终走在世界科技发展前沿，着眼国家科技长远发展，在原子能和平利用的推动、国家中长期科学技术发展规划的研究和制定、863 计划的制定与实施、载人航天工程的前期论证、中国工程院的创建等重大工程和科技项目等诸多方面功勋卓著，有力推动了我国科学技术和国防现代化建设的发展。

2004 年 12 月，为表彰朱光亚对我国科技事业，特别是原子能科技事业发展做出的杰出贡献，国际小行星中心和国际小行星命名委员会批准将我国国家天文台发现的、国际编号为 10388 号的小行星永久命名为"朱光亚星"。

遥望苍穹，"朱光亚星"熠熠生辉！"两弹一星"精神感召着一代又一代的中国人，为祖国的繁荣富强而不懈奋斗！

侯祥麟：
终生信仰不曾动摇

陈　鹏

"我和祖国一起走过了 20 世纪几乎全部的历程，作为一个中国人，我为今天的祖国的成就感到骄傲；作为一个有着 60 多年党龄的共产党员，我对自己的政治信仰终身不悔；作为一个新中国的科学家，我对科学的力量从不怀疑，我为自己一生所从事的科学工作感到欣慰。"

——侯祥麟，2005 年 9 月 7 日的《光明日报》

辛亥革命爆发翌年出生，五四运动时期启蒙，战乱之中求学……幼年的侯祥麟，眼里充满了灰色。在抗日救亡的滚滚洪流中，侯祥麟总是在思考：中国的出路在哪里？当《资本论》《大众哲学》进入视野，他如同找到了"领航灯"，"当时，我心悦诚服地接受了马克思主义，并终生信仰，不曾动摇。"侯祥麟说。

同学讲起中国共产党领导的红军的英勇事迹和革命根据地的形成与发展，让侯祥麟激动不已；而外国杂志中有关红军北上抗日的消息，更让他对共产党人由衷敬佩。

1938 年 4 月，侯祥麟做出"人生中最重要的决定"，秘密加入了中国共产党。为便于工作，组织两次安排他加入国民党做地下工作，侯祥麟欣然应允。

时逢战乱，中国军队汽油奇缺。侯祥麟毅然投入油品研制的队列。无油可炼，他就从菜籽油里炼制轻油，用煤干馏制取人造石油；燃料不足，他便设计出精馏塔，从白酒中提炼酒精……

抗日战争胜利前夕，按照中央部署，侯祥麟作为技术干部赴美国深造，为建设新中国做准备。

1950 年 10 月 1 日，清华大学师生都到天安门参加庆祝游行。一位身穿鲜红色衬衫的男子格外醒目，这就是侯祥麟，红衬衫表明了他的底色。此时，他刚舍弃优越的工作条件，从美国回到阔别 6 年的祖国，在清华大学化学工程系任教授。

新中国成立初期，百废待兴。亟待解决的，当数航空煤油的国产化。"搞不出航空煤油，我们过天安门都得低着头！"时任石油工业部部长的余秋里终日眉头紧锁。

责任重大。架机器、测数据、做对比，侯祥麟带领研究室的科技精英日夜苦干。失败、试验，再失败、再试验……无数次挫折、失败，无数次分析、总结。

"我就不信搞不出中国自己的'争气油'！"侯祥麟顾不上中毒、爆炸等危险，和团队一起攻坚克难，闯过了一个个技术难关：高精尖特种润滑油品试制成功，一举满足了中国航空、航天、核工业发展的特殊需要，仅仅用时一年。

此后，侯祥麟作为石油项目的完成者之一，参与了《1956—1967年科学技术发展远景规划》的制定，那可是新中国科技事业的奠基性工程。受托于中国科协，侯祥麟以中国石油学会理事长的名义，召集百余人共同论证，起草了《关于合理利用一亿吨原油的若干建议》，上报国务院。侯祥麟及其团队的研究成果，使我国炼油工业技术水平大幅度提高，实现了我国油品立足于国内。

该颐养天年之时，侯祥麟依然正常上班、做研究。"作为一个共产党员，总要做点事吧！"侯祥麟常说，"科学家的真正快乐在于创新与奉献。"

师昌绪（1918—2014），金属学及材料科学专家。1980年当选为中国科学院学部委员（院士），1994年当选为中国工程院首批院士。在国内率先开展高温合金及新型合金钢等材料的研究与开发；领导研制出我国第一代空心气冷铸造镍基高温合金涡轮叶片，取得多项成果；大力提倡传统材料与新材料研究、基础研究与应用研究并重，促进了我国材料研究的可持续发展。获国家最高科学技术奖、光华工程科技奖成就奖等奖项。1978年加入中国共产党。

师昌绪：
什么地方需要我，我就到那里去！

张 蕾

"为了祖国的繁荣昌盛作出努力，这是衡量爱国者最主要的标准之一。"

——摘自《师昌绪自传：在人生道路上》

1955 年 6 月，在美国旧金山，历经艰难险阻，已过而立之年的师昌绪登上了"克利夫兰总统号"邮轮。

他朝思暮想的祖国，正在大洋彼岸静候他的归来。

"在美国，像我这样的人比比皆是；而我是中国人，我的祖国现在十分需要我这样的人。"归国前，这位冶金专业的博士、麻省理工学院助理研究员向自己的老师、国际著名金属材料专家柯恩教授表明了心迹。

而此前，在美国明令禁止回中国的留学生名单中，师昌绪的名字赫然在列。

"当轮船快驶到香港时，仍有美国特工人员来劝我们这批留学生回心转意：如果回到美国，将会有更为优厚的待遇。但是我们都断然拒绝了——美国的生活再好，那里也不是自己的家！"半个世纪后，回忆起这段往事时，师昌绪的语气依然坚决。

"什么地方需要我，我就到那里去！"回到祖国后，师昌绪到中国科学院报到，并服从分配到沈阳从事物理冶金研究，后来又被派往鞍山钢铁公司生产一线，"因为那里需要，我没有一点儿意见"。

从成为副研究员到当选为院士，师昌绪在中国科学院金属研究所（以下简称"金属所"）工作了整整 30 年。流年似水，这 30 年，他从 30 多岁到 60 多岁，奉献了人生最有作为的年华。成功研制我国第一代空心气冷铸造镍基高温合金涡轮叶片，倡导我国铁基高温合金研发，首先开展真空冶炼和真空浇筑涡轮叶片研究……围绕航空发动机所用的关键材料，师昌绪以累累硕果为我国航空事业做出重要贡献，被誉为"材料医生"。

"人生在世，要对人类有所贡献；作为一个中国人，要对中国人民有所贡献"——这是师昌绪毕生遵循的信条。

他1955年加入九三学社，1964年当选为第三届全国人大代表，用他自己的话说，"这在政治上是最高的待遇"。1978年7月1日，他光荣地成为一名中国共产党党员，后来在担任国家自然科学基金委员会副主任及中国工程院副院长期间，都是党组成员。

凡是有利于富民强国的事情，师昌绪都尽力而为，很少考虑个人得失：在中小学求学期间，他深感国内无穷无尽的战乱和国家被外国列强入侵之苦，坚定了"中国必须强盛起来"的决心；留美期间，他冒着被审讯关押的危险，参加留学生争取回国的斗争，因为"这是一场正义的斗争，虽死犹荣"；回国以后，哪怕再苦再累他都可以忍受，1960年前后在我国高温合金生产基地抚顺钢厂展开攻关，即使患上肾盂肾炎尿血不止，他也没有停止工作，因为"这是为了国家的航空事业"；后来被后辈戏称为"爱管闲事的老头儿"，力促大飞机项目列入我国中长期科技规划重大专项，与其他五位学者联名提出成立中国工程院的建议……他说："凡是于国有利、于民有益的事我都要管一管，而且不仅是倡导一下，还要负责到底。"

回到祖国20多年后，师昌绪因公再次来到美国。有人问他："你后悔不后悔回国？"他笑答："我虽没有汽车洋房，但生活无忧无虑。"

九十余载生命历程，师昌绪经历过太多挑战和磨难，但他始终坚信，为了祖国的繁荣昌盛而努力，自己"没有白活一生"。

陆元九（1920—　），自动控制、陀螺及惯性导航技术专家。1980年当选为中国科学院学部委员（院士），1994年当选为中国工程院首批院士。中国航天科技集团有限公司科技委顾问。我国自动化科学技术开拓者之一，在陀螺、加速度计、平台及捷联惯导系统等研制工作中做出了重大贡献，并在几种卫星、导弹的方案论证及飞行实验数据的分析等方面发挥了重要作用。获何梁何利基金科学与技术成就奖等荣誉。2021年获得中共中央授予的"七一勋章"。1982年加入中国共产党。

陆元九：
100 分才及格

陈海波

"我们这一代人就是要把毕生最宝贵的年华奉献给国家和民族。"

——陆元九

99 分，这个成绩如何？

对大多数人而言，应该是非常优秀。但对陆元九等航天人来说，只有三个字——不及格！

"上天产品，99 分不及格，相当于 0 分。100 分才及格，及格了还要评好坏。"陆元九如是说。

1996 年，长征三号乙运载火箭发射失败，原因未明。作为该火箭所用的惯性器件的负责人，76 岁的陆元九赶赴西昌。接下来的几个月里，他经过抽丝剥茧般的层层分析，最终在千丝万缕的线索中找到了一根小小的"金丝"——双向可控硅，这个零件的偏差就是问题的关键。问题解决后，第二年，长征三号乙运载火箭成功升空。

由此，上面那句"名言"至今在我国航天界广为流传。

20 世纪 40 年代中期，陆元九抱着"学好科学救中国"的信念，远渡重洋到美国麻省理工学院航空工程系求学。"既然来留学，一定要学新东西"，他选择了仪器学专业，研究当时很少有人听过的"惯性导航"技术。

1949 年，获得博士学位的陆元九被麻省理工学院聘为副研究员、研究工程师。但更让他兴奋的是，大洋彼岸诞生了一个新中国。

尽管太平洋的风浪声很大，但他似乎听到了故土家园的召唤。不，那其实是来自他心底深处的声音。

由于各种限制，陆元九的回国之路充满波折。直至 1956 年，他终于又踏上了祖国的土地。多年后，他如此解释："我们这一代人就是要把毕生最宝贵的年华奉献给国家和民族。"

回国后的陆元九深刻感受到这片土地上跳动的脉搏。1958 年，"我们也要搞人造卫星"的号召响彻全国。陆元九兴奋不已，他提出了当时在国际上都前所未有的大胆设想：不仅要进行人造卫星自动控制的研究，而且还要用控制手段回收它。两个月后，他和同事们组装出了我国第一个探空火箭仪器舱模型。

此后，陆元九在陀螺、惯性导航技术等领域不断开拓，为我国惯性技术的发展及其在运载火箭、导弹武器、人造卫星和载人飞船等方面的应用做出了突出贡献，还为以载人航天工程、探月工程为代表的国家重大科技工程的规划和论证贡献了自己的智慧。

在同事和学生眼中，陆元九是个极其倔强的人。这种倔强，"本质特征就是要求严"。只要一听说陆元九要参加评审会，答辩的人就会格外紧张。不过，在陆元九看来，"严"是一种督促和希冀："我们的产品是要上天的，一定要保证质量。要求严格，可以进步快一点。"

"如果不把技术问题吃透，是要吃亏的。如果技术问题搞不清楚，腰杆子就不硬。"他反复叮嘱大家。

2021 年 6 月 29 日，建党百年之际，陆元九获得"七一勋章"。那之前约半个月，神舟十二号载人飞船将聂海胜、刘伯明、汤洪波 3 名航天员送入太空，这是中国空间站阶段首次载人飞行任务。陆元九将这枚勋章视作全体航天工作者的荣誉。"我国航天事业从无到有、从弱到强，每一步前行都离不开党的领导和支持。"他感慨万千。

飞得再远，也不能忘记起点。陆元九寄语年轻人："希望新一代的科技工作者们，把创新当作一场没有终点的长跑，不忘初心、牢记使命、砥砺前行、科技报国。"

王小谟（1938—　），雷达和系统工程专家。1995年当选为中国工程院院士。中国电子科技集团有限公司电子科学研究院研究员，工业和信息化部电子科技委副主任兼秘书长。设计研制了多种型号的雷达和预警机系统。主持设计的JY-8雷达成为我国第一部完整的、性能全面自动化的三坐标雷达，是新一代雷达的基石，并发展成一个新的雷达装备系列；设计了我国第一部高低空兼顾的JY-9雷达，在国外军事演习中综合评分名列前茅，成为国际上优秀低空雷达之一。获2012年度国家最高科学技术奖。获全国五一劳动奖章、"全国创先争优优秀共产党员"等荣誉称号。1980年加入中国共产党。

王小谟：
"红色国防工程师"，一辈子只为一件事

袁于飞

　　"我这一辈子，此时回头看，人生在世，无非是明白一些道理。比如，人吃过真正的苦后，才懂得什么是甜；比如，遇到挫折时，要坚持坚持再坚持；比如，能一辈子做自己喜欢的事，并把这件事和为党和国家做贡献相连，就是一种莫大的幸福。"

——王小谟获2012年度国家最高科学技术奖后的感言

王小谟是北京工业学院（北京理工大学的前身）无线电工程系 1961 届毕业生。作为杰出校友代表回母校做报告时，他说："在母校'延安根、军工魂'精神的熏陶和培养下，'红色国防工程师'成为我一生的写照。"

1938 年 11 月出生于上海的王小谟，是一位出色的国防工程师，他把全身心都奉献给了他所挚爱的雷达和预警机事业，为党和国家立了大功。

"我一辈子就做了一件事：研制雷达，然后负责将世界上最先进的各种技术一起应用到预警机上，把设计变为现实。"王小谟说。在研制雷达和预警机的过程中，无数科研人员自力更生、创新图强、协同作战、顽强拼搏。

王小谟回忆："当年，党中央、中央军委决定，'我们一定要争口气，研制中国人自己的预警机'。那时候很受感染，把'我们一定要争口气'这八个字放得很大，挂在试验场，每天一抬头就能看到。"

王小谟带领团队，经过几年的不懈努力，最终掌握了核心技术。以人为本的设计理念，在我国预警机的设计中也得到了贯彻，比如在预警机上装厕所、减噪等。

"研制成功国际领先的预警机，是因为有了党的坚强领导，我们国家能够集中力量办大事，这也是为什么其他国家用了十几年，而我们只用五年就能把预警机研制出来。"王小谟说。研制预警机，需要对飞机进行改装。而飞机的改装是一项复杂的系统工程，要一个点一个点地去测外形，测完以后还要做风洞试验，涉及一系列航空安全的问题，因此就需要航空和电子两大部门团结协作。另外还要把全国都动员起来，各个科研单位都参与这样一个工程。

2009 年 10 月 1 日，国庆 60 周年阅兵式上，由王小谟主导研制的空警 -2000 预警机作为领航机型，引领机群飞过天安门广场。此时，对着在试验场机库白墙上挂了近十年的"我们一定要争口气"这幅标语，王小谟松了一口气。

王小谟还特别注重为党和国家培养人才，他言传身教、甘为人梯，先后为我国培养出 18 位预警机系统或雷达系统总设计师。他说："科学研究主要是靠人，一个国家真正的财富就是人才。因此还要注重科研人才的队伍建设，通过一些工程和项目把人才队伍培养出来。"

谈起缘何选择"预警机"作为终身事业，他爽朗地笑着说："最根本的原因，还是'我想为国家争一口气'。"

回忆起自己的成长经历，王小谟说："对于我们这一代人来说，报效国家，是成长中最重要的信念，小学、中学接受的'爱祖国、爱人民、爱劳动、爱科学、爱社会主义'的教育，这辈子都忘不了。"

如今的王小谟依然关心我国的预警机事业，即便有时躺在病床上，他也会把年轻一代的设计师们请来面对面探讨交流。病情稍有好转，他就坚持赶赴试验现场。

王小谟说："可能大家认为中国的预警机已经很好了，但我们不能自满，应该抓紧时间研究下一代预警机。由于身体的原因，我不在第一线上了，但我还会继续做一些策划，多带几个博士生。只要国家有需要，我会一直工作下去！"

对于广大青年学子，王小谟也寄予厚望："新时代青年学子要传承好延安精神，抓住机遇，担当复兴大任，做我国科技事业的攀登者。"

黄旭华（1926— ），核潜艇研究设计专家。1994年当选为中国工程院首批院士。中国船舶集团有限公司第719研究所研究员、名誉所长。长期从事核潜艇研制工作，开拓了中国核潜艇的研制领域，是中国第一代核潜艇研制创始人之一，为中国核潜艇事业的发展做出了杰出贡献。主持完成中国第一代核潜艇和战略导弹核潜艇研制。获1985年度和1996年度国家科学技术进步奖特等奖、2020年度国家最高科学技术奖。2019年获国家最高荣誉勋章"共和国勋章"。1949年加入中国共产党。

黄旭华：
此生属于祖国，此生无怨无悔

崔兴毅

"党需要我把血一次流光我做到，党如果不是要求一次流光，而是一滴一滴慢慢流，一直流尽为止，我也坚决做到。"

——摘自黄旭华的入党志愿书

1970 年 12 月 26 日，中国第一艘核潜艇下水。

当"蓝色巨鲸"奔向大海之际，在场的人无不热血沸腾，黄旭华更是喜极而泣。

隐姓埋名，荒岛求索，他和同事们让中国成为继美、苏、英、法之后，世界上第五个拥有核潜艇的国家。巍巍中华的辽阔海疆，从此有了护卫国土的"水下移动长城"。

如今，中国第一艘核潜艇已经退役，但身为中国第一代核潜艇总设计师、中国工程院院士、中国船舶集团有限公司第 719 研究所名誉所长，年逾九旬的黄旭华仍在"服役"。

"从一开始参与研制核潜艇，我就知道这将是一辈子的事业。"

那是 1958 年，一个电话改变了黄旭华的人生。

"电话里只说去北京出差，其他什么也没说。我简单收拾了一下行李就去了。"从上海到了北京，他才知道，国家要搞核潜艇。从此，他的人生与国家的核潜艇事业紧紧联结在了一起。

"核潜艇什么模样，大家都没见过，对内部结构更是一无所知，一切全靠摸索。"与黄旭华共事多年的施祖培说，没有现成的图纸和模型，就一边设计、一边施工，晚上准备两个馒头，加班加点地干，"头拱地、脚朝天，也要把核潜艇搞出来！"

没有计算机来计算海量核心数据，就抄起算盘和计算尺手工来算；没有先进装备来控制核潜艇的总重和稳性，就拿起磅秤来称。艰难攻关的岁月里，黄旭华和同事们硬是用最"土"的办法"啃"下了一道道尖端的技术难题，以常人不可想象的方式，在世界核潜艇史上写下了光辉的篇章。

1988 年 4 月 29 日，我国进行核潜艇首次深潜试验。数百米的深海充满危险，任何一处问题都可能导致艇毁人亡。但为增强参试人员的信心，年过 60 的黄旭华作为总设计师，决定亲自随核潜艇下潜。以如此高龄下潜，在世界上尚属首例。

一小时、两小时、三小时，核潜艇不断向极限深度下潜。海水挤压着艇体，舱内不时发出"咔嗒、咔嗒"的巨大声响，黄旭华沉着应对，掌握了大量第一手数据。

"每一秒都惊心动魄！"当核潜艇浮出水面时，现场沸腾了，人们握手、拥抱，泪流满面。中国核潜艇史上首个深潜纪录诞生了！

从加入中国共产党起，黄旭华用行动证明了"此生属于祖国，此生无怨无悔"。每每受到高度赞誉，黄旭华总是说"不敢接受"。他说，只是"把自己的人生志向同党和国家的命运结合在了一起"。

如今，黄旭华仍然坚持每天早上 8 点半到办公室。在他办公桌的玻璃板下，压着一张他指挥大合唱的照片。从 2006 年开始，连续几年所里文艺晚会的最后一个节目，都是由他指挥全体职工高唱《歌唱祖国》："五星红旗迎风飘扬，胜利歌声多么响亮……"

王永志（1932— ），我国载人航天工程开创者和学术技术带头人之一。1994年当选为中国工程院首批院士。作为"两弹一星"工程重要技术骨干，解决了我国第一代战略导弹增大射程、提高实用性能等大量技术问题；作为总设计师/总指挥，主持研制了我国第二代液体燃料远程战略导弹、固体燃料远程战略导弹和地地战术导弹，以及长征二号E、长征三号甲捆绑式运载火箭，为制定导弹和火箭长远发展路径、实现技术更新换代和运载能力重大突破做出了重要贡献。获全国科学大会奖、国家科学技术进步奖特等奖等奖项。2005年被授予"载人航天功勋科学家"荣誉称号。1949年加入中国共产党。

王永志：
祖国的需要就是我前进的方向

陈慧娟

"党组织给了我参与'研制地地导弹、发射人造卫星、送中国人上太空'这三件大事的机会，是党的事业为我提供了难得的机遇和报效祖国的广阔平台。"

——王永志

2021 年 4 月 29 日,"天和"升空,中国进入空间站时代,也迈出了中国载人航天工程"三步走"战略的第三步。作为这一战略的拟制者之一、中国载人航天工程的首任总设计师,党龄已超 70 年的王永志值得一书。回望他的奋斗历程,祖国的需要便是他前进的方向与动力。

1949 年 11 月,年仅 17 岁的王永志以一名学生的身份加入中国共产党。1952 年,王永志被心仪已久的清华大学航空系飞机设计专业录取。正如《中国工程院院士传记:王永志传》作者姚昆仑所说的,"从那以后的 40 多年里,他的每一步人生变化都与祖国的命运紧紧相连"。

20 世纪 50 年代,为了加快培养人才、建设新中国,中央决定选拔一批学生前往苏联留学。王永志作为其中的佼佼者,于 1955 年被派往莫斯科航空学院航空系学习。

1957 年 10 月,苏联将第一颗人造地球卫星送上太空。为了能在未来对中国航天事业有所贡献,在飞机设计专业有了些基础的王永志毅然转换了自己的专业,转攻火箭和导弹设计。谈及这段历史,王永志回忆道:"1957 年是火箭年,这一年我成为'火箭人',这一年是我人生重大转折的一年。"

经过 6 年的留学生涯,以优异成绩毕业的王永志,放弃了在苏联继续深造的机会,于 1961 年回国。彼时,我国的航天事业蹒跚起步,以钱学森为代表的航天人克服种种困难,自主设计制造火箭。留苏归来的王永志也走进大漠戈壁,加入祖国航天创业大军的行列。在此后的工作中,王永志逐渐展现出自己的才华,并为实现我国制定的"八年四弹"的长远发展规划《地地导弹发展规划(1965—1972)》做出了巨大贡献。

在包括王永志在内的几代航天人的持续努力和奋勇拼搏下,到 20 世纪 80

年代末、90 年代初，中国航天有了长足发展，不仅承揽了国外卫星发射任务，甚至在短短 18 个月内就完成长征二号 E 大推力捆绑式运载火箭从批准实施研制到发射的全过程，创造了火箭研制史上的奇迹。

王永志是这段历史的见证者，更是亲历者和参与者。他从一位专业技术骨干，逐渐成长为一名指挥千军万马的帅才。1992 年 11 月，迈入花甲之年的王永志被任命为中国载人航天工程的总设计师。

"丹阳，我已经 60 岁了，搞火箭 30 多年，一直紧紧张张，提心吊胆。本来想退休后好好休息一下，陪你到处走走，挽回过去常常不在你身边的'不良影响'。现在组织上这样信任我，要我承担载人航天总设计师的重任，看来，我只有再次向你道歉了！"向妻子祖露了心声，王永志又一次义无反顾地离家远行。为了早日实现国人的飞天梦，他选择在航天舞台上绽放第二次青春。

2003 年 10 月 15 日，在王永志和全体航天人的齐心协力、集智攻关下，神舟五号飞船发射成功，中国人的脚步终于第一次迈进太空。

"11 年来我们这支航天队伍呕心沥血、顽强拼搏，不顾自己的一切，为的就是这一天、这一刻。我为沉着果敢的杨利伟而自豪，我为不负使命的这支队伍而自豪，我为祖国而骄傲。"成功那一刻，王永志感慨万千。

18 年后的 2021 年，3 名中国航天员进驻"天和"，开始了数月之久的太空生活。在王永志等先驱的努力下，中国航天正沿着我们自己的设计路线，一步、两步、三步，蹄疾步稳，探索太空。

顾诵芬（1930— ），飞机空气动力学家。1991年当选为中国科学院学部委员（院士），1994年当选为中国工程院首批院士。直接组织领导和参与了我国低、中、高三代飞机中的多种飞机气动布局和全机的设计；在国内首创两侧进气方案；消化吸收国外机种的技术，利用国内条件，创立超声速飞机气动设计程序和计算方法；解决了方向安定性和排除抖振等重大技术关键，确保了飞机定型；利用系统工程管理方法，把飞机的各专业系统技术融合在一个总体优化的机型内。获2020年度国家最高科学技术奖。1981年加入中国共产党。

顾诵芬：
心中要有国家，永远把国家放在第一位

杨 舒

"没有共产党就没有新中国，也就没有我个人的一切。"

——摘自顾诵芬的入党申请书

那是 1969 年的 7 月 5 日，我军歼-8 战斗机成功首飞，自此，我国结束了不能自主研制高空高速战斗机的历史。1984 年 6 月 12 日，歼-8 Ⅱ 战斗机完成首飞，创造了当时我国新机研制速度的新纪录！由此，歼-8 系列战斗机成为我军 20 世纪 80 年代至 21 世纪初期的主力战斗机种之一。而这一系列飞机的主要设计者，正是中国工程院院士顾诵芬。

1937 年 7 月 7 日，"七七事变"爆发。日军的飞机疯狂地轰炸着北平第二十九军营地。巨大的冲击波将几公里外平民区的玻璃窗震得粉碎。7 岁的顾诵芬目睹了这一切，幼小的心灵从此埋下了爱国奋进的种子。

"没有飞机，我们处处受人欺负！"这股念头涌上心头，驱使着他在少年时就投身我国航空工业，在青年时实现了中国人自己的飞机气动力设计，在壮年时开创了我国歼击机从无到有的历史。而今虽已年逾 90 高龄，顾诵芬仍壮怀激烈，"保卫祖国领空"的初心不改。

翻开我国航空领域唯一一位两院院士的人生履历，就像在阅读一部新中国的航空工业发展史。

新中国成立之初，百废待兴，我国航空工业几乎一片空白。1951 年，航空工业局正式成立。飞机生产线虽有苏联援助，但自行设计却是禁区。"仿制而不自行设计，就等于命根子在人家手里。我们必须设计中国人自己的飞机！"1956 年，我国第一个飞机设计机构——沈阳飞机设计室（沈阳飞机设计研究所的前身）成立，26 岁的顾诵芬成为首批核心成员，担任气动组组长。

空气动力学被称为飞机设计的灵魂。然而此前，在交通大学航空工程系学习时，顾诵芬只接触过螺旋桨飞机，两侧进气的飞机气动力设计构想在国内也无先例。"那时希望有老同志来带，但根本没有，只能自己硬撑。"巨大的压力之下，顾诵芬跑到北京苦苦搜集材料，艰难地钻研学习，又顶着严寒在哈尔滨反复进行试验，最终，他出色地完成了我国首型喷气式飞机——歼教-1 教练机的全部气动参数设定。

一转眼 30 年，他在沈阳经历了人生最有创造力的 30 年：设计我国首型初级教练机——初教-6 的气动布局，建立亚声速和超声速飞机气动力设计体系，主持设计歼-8 和歼-8 Ⅱ 战斗机……

顾诵芬在实践中建立了简洁、高效的飞机气动力设计方法体系，该体系至今仍被国内飞机设计沿用，他也成为中国飞机空气动力学设计的主要开拓者之一。作为第一位由国家任命的型号总设计师，他在研制歼-8 Ⅱ 战斗机的过程中运用的系统工程理论和方法，至今仍广泛应用于型号研制中。

1986 年，顾诵芬从研究一线来到航空工业科技委、中国航空研究院，他离型号研究看似远了，但是离科技发展前沿却更近了。

事实上，由于国防与航空工业性质特殊，顾诵芬在航空事业耕耘几十载，但直至 1978 年全国科学大会召开以后，因多次获得奖励表彰，他的名字才渐渐进入人们的视野。

1981 年 4 月，顾诵芬加入中国共产党。在入党申请书中，他写道："抗美援朝的伟大胜利、恢复和发展工业所取得的重大成就，使我深深地体会到，没有共产党就没有新中国，也就没有我个人的一切。"

而今，他更对年轻人充满期待："我只想对年轻人说，心中要有国家，永远把国家放在第一位。"

彭士禄（1925—2021），核动力专家。1994年当选为中国工程院首批院士。长期从事核动力研究设计工作，是我国核动力领域的开拓者和奠基者之一。主持了我国核潜艇动力装置的论证、设计、试验以及运行的全过程，并参加指挥了第一代核潜艇的调试和试航工作；提出投资、进度、质量三大控制要素，为大亚湾核电站工程打下了良好的基础；在秦山核电站二期建设中，提出"以我为主，中外合作"的方针，自主设计、建造两台60万千瓦机组的方案，并亲自计算主参数、进度、投资估算等，为工程提供了可靠的科学依据。获全国科学大会奖、国家科学技术进步奖特等奖等奖项，获"献身国防科技事业"荣誉证章。1945年加入中国共产党。

彭士禄：
只要祖国需要，我当然愿意

袁于飞

"如活着能热爱祖国，忠于祖国，为祖国的富强而献身，足矣！"

——彭士禄

　　彭士禄是广东海丰人，1925 年 11 月出生，14 岁就参加革命工作，后来到泽东青年干部学校、延安中学学习。他的一生深刻体现了以身许国、甘于奉献的高尚品格。在评选"时代楷模"的时候，评委们一致表示：彭士禄一生对党忠诚，始终坚决听党话、永远跟党走，一辈子两袖清风，克己奉公，清清白白做人、干干净净做事，真正做到"不要人夸颜色好，只留清气满乾坤"，自觉践行共产党人的初心和使命，无论身居何位，始终保持了以身许国的家国情怀，他的故事感动了身边的每一个人。

　　1945 年，20 岁的彭士禄加入中国共产党，因表现突出，他被破例免去预备期，一入党便是正式党员，不久后便担任党支部书记。

　　"我是一块砖，哪里需要把我往哪里搬"，这句话彭士禄一直身体力行，从年仅 20 岁加入中国共产党开始，他一直深刻践行作为共产党人的庄严承诺。被党和老百姓保护着长大的他，内心永远怀着一颗感恩之心，无私无畏，敢作敢为，无怨无悔地为祖国核动力事业奉献了一生。

　　1951 年，品学兼优的彭士禄通过考试赴苏联留学，专业是化工机械，其间，他所有的功课都成绩优秀。毕业时，他获得苏联颁发的优秀化工机械工程师证书。

　　1956 年，彭士禄即将本科毕业，正逢陈赓大将访问苏联。陈赓把他叫到大使馆，跟他说："中央已决定选派一批留学生改行学核动力专业，你愿意吗？"

　　"只要祖国需要，我当然愿意。"彭士禄不顾改行需要从头开始学习的困难，毫不犹豫地回答。从那一刻起，彭士禄就与共和国的核动力事业紧紧连在了一起，从中国核潜艇动力装置到秦山一期核电站、大亚湾核电站再到秦山二期核电站，都留下了他辛勤的足迹与汗水。

没有资料、图纸、设备，没见过实物……彭士禄带领科研人员用简陋的计算工具计算了数以万计的数据，有时为了验证一个参数，他们没日没夜地"三班倒"，用仅有的一台手摇计算机和几把计算尺连续算上好几天。他们建立了我国核动力装置主要参数的计算方法，并最终确定了100多个参数。

彭士禄主持了核动力装置的扩大初步设计和施工设计工作，攻克了诸多重大关键技术，完成了核潜艇动力装置的基本设计方案。在他的带领下，仅用不到5年的时间，我国第一代核潜艇陆上模式堆就成功实现了满功率运行。

在为祖国、为人民奉献的一生里，彭士禄从不计较个人利益得失，从未向组织提出任何个人要求。他始终以国家的利益为先，勇挑重担，身先士卒，忘我工作，把毕生精力奉献给了祖国的核动力事业。

49岁时，彭士禄在一次核潜艇调试工作中突发急性胃穿孔，胃被切除了四分之三。可是手术后不久，他又忘我地投入工作。他总是说："党和国家给我的比我付出的要多得多。"

彭士禄无论身处多高的位置，管理多少工程、项目与人员，都时刻牢记自己的使命，牢记是党和人民将自己抚养长大，要回报人民，回报祖国。

因为属牛，彭士禄非常敬仰"孺子牛"的犟劲，不做则已，一做到底。这种性格让他一辈子钻研核动力事业，最终成为中国核动力事业的"拓荒牛"——我国核潜艇第一任总设计师、我国第一个核动力装置的主要设计者。

2021年3月22日，彭士禄因病在北京逝世，享年96岁。他的一生，言行如一，正如他在自述中所言："如活着能热爱祖国，忠于祖国，为祖国的富强而献身，足矣！"

栾恩杰（1940— ），导弹控制技术和航天工程管理专家。2009年当选为中国工程院院士。参与组织、主持首型潜地战略导弹和首型陆基机动中程战略导弹研制，提出导弹型谱化、系列化发展思路；参与组织、主持探月工程一期，提出深空探测"探、登、驻（住）"和"绕、落、回"的技术发展路线，开辟了深空探测新领域；在航天型号和工程研制工作中取得了一系列开拓性和创新性成果，为我国武器装备和航天事业的发展做出重大贡献。获国家科学技术进步奖特等奖、一等奖等奖项。1966年加入中国共产党。

栾恩杰：
接"嫦娥"回家是对祖国的承诺

崔兴毅

"我是幸运的，我是中国共产党培养的学生，是中华人民共和国培养的学生。回想起来，我的一切都是属于党的。"

——栾恩杰

2020 年 12 月，内蒙古四子王旗着陆区的前方指挥所，一位 80 岁的老人不顾零下 30 摄氏度的低温，在现场等候"嫦娥"回家。凌晨，当嫦娥五号返回器顺利着陆后，他的眼眶里满是泪水——

"向党中央承诺的'三步走'，终于从设想变成了现实！"

他就是我国探月与深空探测工程的开创者之一、我国首次探月工程一期总指挥栾恩杰院士。大学时期学习电机专业的栾恩杰，理想是做一个修理缝纫机、手表的工程师。在清华大学读研究生时，栾恩杰递交了入党志愿书，他写道："党的决定就是我的一切。"

"那时候赶上三线建设①，毕业时要把我分到内蒙古去研究固体燃料发动机，问我去不去。虽然要离开北京去条件艰苦的地区，但我毫不犹豫地说去，党让我去哪儿我就去哪儿。"

铮铮誓言，让他与航天结下不解之缘。

"那时候不是等所有条件都具备了再开始工程的实施，而是有条件上，没条件创造条件也要上。"栾恩杰曾参与潜艇发射固体火箭研制和试验的全过程。在做某项模拟试验时，作为工程中的一个系统负责人，栾恩杰与战友们一道找木工做了一个"试验台"，然后把车床的转动部分卸下来，用它作为台子的回转部件米模拟潜艇的方位摇摆。"大家都有这样一个信念，不管条件多差，也要完成党中央交给的这项重大工程任务。"在栾恩杰看来，"中国人只有拿出自己的装备，那才是真正的脊梁。"

当人们对航天的认识还停留在运载火箭和人造卫星上时，时任国家航天局局长的栾恩杰提出了"大航天"的概念，将空间技术、空间应用和空间科学纳

---

① 指 20 世纪 60 年代开始的以战备为中心、以工业交通和国防科技为基础的三线建设，其中三线地区是指云、贵、川、陕、甘、宁、青、晋、豫、鄂、湘等 11 个省区。

入国家航天发展规划体系，倡导并组织完成了我国首部航天白皮书《中国的航天》，这在国际上被誉为"首次揭开了中国航天的神秘面纱"。探月工程，便是我国实现深空探测零的突破的起点。作为我国探月工程一期总指挥，栾恩杰领导了这项工程从立项论证到组织实施的全过程。

回想起"嫦娥"奔月的那段日子，栾恩杰依然思绪难平。

"这就是在赶考。"嫦娥一号奔月前，栾恩杰带领团队搞了近 30 次各类大型试验，确保工程万无一失。最终，绕月探测任务取得圆满成功，事先准备的84 项故障模式预案一个也没用上。

"我已经不知道去过多少次试验场了，每次去几乎没有不落泪的。成功了，高兴得落泪；失败了，痛苦得落泪。搞航天的人总是透着一种紧张劲儿。"栾恩杰欣慰地说，"好在我们拿了个好分数，这项工程没给国家丢脸。"

如今，嫦娥五号带回的月壤已在国内多地展出。在栾恩杰的办公室里，有一个月球仪，它是基于嫦娥一号的数据制作的。"我们教材里关于月球的介绍，也用上了中国探月的数据，还配上了我们自己拍摄的月表图。这是一件多么令人自豪的事情！"

有人说，栾恩杰的成就，随便拎出来一件，都值得炫耀一辈子。的确，几十年里，他亲历了我国航天事业发展的全过程——先后参与我国第一代潜地导弹、第一代陆基导弹、第一代远程导弹、首次载人航天、首次月球探测等重大工程……2014 年，国际天文学联合会以他的名字命名了国际编号为 102536 号的小行星，太空里有了"栾恩杰星"。

现在，中国航天的成绩有目共睹，但栾恩杰还是充满紧迫感："在国际航天的竞争中，谁也没有停下来等中国人。如果这一点我们认识不到，还怎么搞航天强国！"作为国防科技工业科技委名誉主任，80 多岁的栾恩杰依旧不懈地工作着，带着一群中国航天人，坚守初心和使命，继续向星辰大海进发。

张履谦（1926— ），雷达与电子技术专家。1995年当选为中国工程院院士。中国航天科技集团有限公司科技委顾问。为我国电子对抗事业做了开创性工作，主持研制我国第一代防空导弹"红旗-2"的制导雷达，任总设计师研制微波统一测控系统，完成了我国第一颗地球同步通信卫星的发射和定点。获全国科学大会奖、国家科学技术进步奖特等奖等奖项。获"中国载人航天工程突出贡献者"奖章。1948年加入中国共产党。

张履谦：
对祖国无比热爱，对党无比忠诚

杨 舒

"我是党和国家培养教育出来的，党和国家需要我，我宁肯倒在实验室，也不愿躺在病床上。"

——张履谦

1948 年 12 月，清华园。

荷塘边一片静谧的树林里，夜色掩护下，22 岁的张履谦稳稳举起右拳——"我志愿加入中国共产党，承认党纲党章，执行党的决议，遵守党的纪律，保守党的秘密……"①

声音不大，却字字坚决。

彼时，正是国民党反动统治覆灭前夕，白色恐怖笼罩华北。入党介绍人庄沂问张履谦，可知此时加入共产党，就等于将脑袋挂在腰带上，随时可能被捕，甚至牺牲？他回答："在逃难时，我没有饿死病死，在日本人的炸弹下，我没有被炸死，现在还会怕死么？我就是怀着富国强兵的念头来上大学的，只要中国能够进步，国家能够富强，就算自己牺牲，又算得了什么！"

从这一刻起，张履谦的人生就与党和国家的事业紧紧相连。

1951 年，抗美援朝战事胶着，美国 B-29 轰炸机对鸭绿江两岸狂轰滥炸，并发射电磁波。干扰之下，我军雷达既侦察不到敌机，也无法引导战机迎敌。

危急关头，刚从清华大学电机工程系毕业分配到军委通信部的张履谦奉命奔赴前线。物资奇缺，找不到无线电器材，经过观察研究，他灵机一动，就地取材，用土法子制作了跳频装置，调整了雷达频率，一举挫败了美国敌机的干扰。

1962 年，"两弹一星"研制进入关键时期，美国 U-2 侦察机频繁进入我国领空刺探，并干扰地空导弹雷达站。张履谦向军委总部建言，亲临现场改装雷达，并主持研制了我国第一代防空导弹"红旗-2"的制导雷达，令 5 架美国 U-2 侦察机有来无回。

---

① 新中国成立前后的入党誓词没有统一规定，大多为自拟。

在张履谦的带领下，我军首个电子对抗团队——雷达干扰与抗干扰组正式成立。自此，我军的电子对抗事业从无到有，逐步壮大。他开创的雷达抗干扰思路，至今沿用了 70 余年。

张履谦常说："只要工作需要，党叫我干什么，我就干什么，而且要干好。"

1957 年，调到国防部第五研究院工作的张履谦开始参与中国航天事业的创建。一没人才，二没设备，三没技术，怎么办？"没人才，自己培养；没设备，自己造；不懂技术，就搞'反设计'。"他带领队伍硬是白手起家，参与仿制出"红旗–1"这枚"争气弹"。

"我是党和国家培养教育出来的，党和国家需要我，我宁肯倒在实验室，也不愿躺在病床上。"1979 年，尚在养病的张履谦背着氧气包，出任我国第一颗地球同步通信卫星的微波统一测控系统总设计师。闽西酷暑中，他心绞痛发作，含上一片硝酸甘油片，吸几口氧气，便又投入工作。他又一次与同事们自力更生，研制出全套国产化设备。

1984 年，微波统一测控系统研制成功，成为我国空间测控技术发展的里程碑。同年，张履谦和国内的一些专家一同提出在中国建设双星定位系统的建议，拉开了我国建设北斗卫星导航系统的序幕。

气象卫星、海洋卫星、载人航天工程、探月工程……年逾九旬，张履谦参与并见证了中国航天史上的一个个辉煌，但他说："我做的每一项工作都很平凡，只不过在当时的历史条件下，紧跟时代步伐，把学到的知识用到建设祖国的社会实践活动中。"诚如《张履谦院士传记》作者之一钟韧的评价，"支撑起张履谦人生的两根基柱，是对祖国的无比热爱，对党、对事业的无比忠诚"。

毛二可（1934— ），雷达、信息处理技术专家。1995年当选为中国工程院院士。长期从事雷达系统及其信号处理领域的教学和科学研究工作，先后主持和参加了973计划项目、863计划课题等30多项重点科研任务，在我国动目标显示、动目标检测技术等方面做出重大贡献。获国家技术发明奖多项，获何梁何利基金科学与技术进步奖等奖项；获"国家有突出贡献中青年专家"等荣誉称号。领导团队获"国防科技工业优秀科技创新团队""全国教育系统先进集体"等荣誉称号，获首届国防科技创新团队奖等奖项。1984年加入中国共产党。

毛二可：
党的事业就是我的奋斗方向

晋浩天

"我非常幸运，工作生活在改革开放和迎来科学春天的伟大时代，党和国家非常重视科学技术和教育事业，鼓励我们走创新发展的道路，为我们科技工作者发挥聪明才智提供了广阔空间。"

——毛二可

"党的事业就是我的奋斗方向，为了党的事业，我愿贡献出自己的一切。"1953 年，毛二可在递交的入党申请书中写下誓言。那时，毛二可还在北京理工大学的前身——华北大学工学院读书。1956 年，带着"北京市三好学生"的荣誉，毛二可毕业留校工作。

这一干，就是一辈子，与雷达相伴的一辈子。

1953 年，因国家建设需要，他所在的电机系班级改学雷达，他成为当时全国地方院校中第一批雷达专业的大学生。1956 年，在毕业设计阶段，以他为主的团队成功完成了电视实验发射中心的研究设计，取得了我国邮电部颁发的第一个电视频道执照。1958 年，他在毕业留校任教两年后，又在学校建成了国内第一家实验用电视发射台。

在雷达领域的长期深耕，为毛二可带来了一系列成绩与荣誉——1978 年，"新型十公分稳定振荡器"获全国科学大会奖；1987 年，他研发的显示系统获国家技术发明奖二等奖；1995 年，他提出的全数字化波形分析动目标信号处理机研制成功，获国家技术发明奖三等奖；1995 年，当选为中国工程院院士……

作为中国雷达领域的主要领军人之一，毛二可在学术上的每一步突破都备尝艰辛。他曾不顾电磁波辐射对人体的危害，累计上机 1000 多个小时；他曾在雷达实验中因过度疲劳，不小心被上千伏高压电打得满手鲜血、手臂撕裂。但他始终坚持，从不放弃。

几十年来，毛二可的研究成果已广泛应用于国家装备与经济建设之中，并有部分装备出口到国外，既产生了良好的经济效益，又树立了科技自信。

北京理工大学常务副校长龙腾是毛二可的得意门生。他回忆说："毛老师带领团队取得的另一项重要创新成果，是通用模块化实时信号处理系统。这项研究起步之前，美国已有成熟的标准。毛老师说不能完全照搬美国标准，要根据国内实际情况走自己的路。从 1995 年开始，毛老师带领团队从第一代到第四代通用处理机，终于研制成具有完全自主知识产权、可以充分满足实际需要的货架产品，已推广应用于雷达、航天遥感、卫星导航等多个领域，形成一种我国装备信息化的基础计算平台。"

潜心学术、笃定坚持是毛二可取得成功的秘诀。他说："我之所以能在专业上干出一些成绩，主要在于我一直心无旁骛，从没有停止过自己的科研工作。在一个越来越追求效率的时代，时间浪费不起！如果你已经选择了一项事业，就应该持之以恒地做下去。"

潘镜芙（1930— ），船舶工程专家。1995年当选为中国工程院院士。中国船舶集团有限公司第 701 研究所研究员。成功主持设计了我国两代四型导弹驱逐舰。在第一代导弹驱逐舰的设计中，首次用舰对舰导弹武器系统装备水面舰艇，为武器装备按系统研制做了开创性工作；在主持设计第二代新型导弹驱逐舰时，采用系统工程思想，实现作战指挥自动化；在装备选型上，采用国内新技术成果与引进柴燃联合动力装置等先进技术相结合的方针，促进了我国造船、机电、电子等工业的发展。获全国科学大会奖，获国家科学技术进步奖特等奖 1 项及二等奖 2 项。1956 年加入中国共产党。

潘镜芙：
我一定要造大船、造大军舰

金振娅

"在研究设计中要学习国外先进经验，更要结合我国实际情况，在原始创新、集成创新、引进消化创新上狠下功夫。"

——潘镜芙

鬼子、逃难、小船、军舰，在潘镜芙幼小的心灵里留下了深深的烙印。

20 世纪三四十年代，日本侵占了中华大片土地，烧杀抢掠。潘镜芙在跟随父亲沿水路辗转逃难的途中，看着黄浦江畔上一艘艘军舰和巨轮，却没有一艘是中国造的，内心很悲伤，"长大了，我一定要造大船、造大军舰，我一定要造"。

1952 年夏，潘镜芙以优异成绩从浙江大学电机系毕业后，进入华东电工局，在上海电机厂从事汽轮发电机的设计工作。潘镜芙与一批胸怀报国之志的年轻技术骨干一起，迅速投身于为祖国工业化而奋斗的建设浪潮中。

1955 年 3 月，潘镜芙被调往第一机械工业部船舶工业管理局产品设计分处工作，开始了他为之奋斗不止的船舶设计事业。次年 9 月，潘镜芙光荣地加入中国共产党，为国家和民族的崛起而奋斗终身的愿望更加强烈了。

在没有可以借鉴的设计经验，缺乏计算机设备、技术资料乃至技术标准的情况下，潘镜芙瞄准国际最先进的技术，勇攀高峰、攻坚克难，带领团队开展了许多开创性工作。

创新是潘镜芙一贯倡导的科学态度。20 世纪 60 年代初，我国开始自行研制护卫舰，潘镜芙负责电气设计。他敢为人先，提出将直流电制改为交流电制。成功尝试后，国内的所有水面船舶和舰艇都开始使用交流电制，追赶上了当时的世界技术潮流。

1966 年，潘镜芙和李复礼受命主持我国第一代导弹驱逐舰总体设计工作，实现了将导弹、舰炮和反潜武器从单个装备到组成武器系统的飞跃。"（我国）对海力量是很强大的，但基本没有制空力量，指挥系统也比较弱。"潘镜芙回忆道。

20 世纪 80 年代，我国的军舰设计建造水平落后于世界。潘镜芙再次受命，担任第二代导弹驱逐舰的总设计师。

彼时，在素有"火炉"之称的武汉，夏天酷热难当，室内温度常常高达40摄氏度。没有空调的办公室里，灯火却夜夜通明，担心汗水浸湿了图纸，每个人的身边都放着一条毛巾。4000多个日日夜夜，以潘镜芙为总设计师的112舰设计群体，靠着小型计算机和铅笔，在一张张绘画板上，绘制着他们的"铸舰梦"。

1994年5月8日，112舰正式交付海军，被命名为"哈尔滨号"。此后，在112舰的研制基础上，潘镜芙带领团队立足国产化，采用国内新技术和新设备，研制出了113舰，交付海军后，该舰被命名为"青岛号"。

自此，我国自主设计的导弹驱逐舰实现了从无到有的突破，一扫中国海军装备落后的旧貌，制空能力得到了较大提高，且两舰均已达到区域防空水平。

童年的"铸舰梦"终于成为现实。多年来，从参与到主持中国最早的两代四型导弹驱逐舰研制，潘镜芙最重要的年华都在铸造舰船，他为国之重器穷尽了毕生心血。哪怕后来年事已高，他仍在中国航母投入建设的过程中以专家的身份积极建言献策。在潘镜芙的家中，模型陈列柜里摆满了各式舰船模型。在他心爱的"中国第一航母辽宁舰"模型旁，摆放着3架国产飞机模型。"顾诵芬和我很熟，我们都是苏州人，他设计飞机，我设计舰艇。"潘镜芙谈起新中国飞机设计大师顾诵芬时说。他们年幼时都经历了被"洋枪洋炮"欺辱的岁月，打心底里感受到，祖国强大必须要有自己的飞机和舰艇。

在比一甲子还长的岁月里，潘镜芙一直致力于我国导弹驱逐舰的发展。如今，他同14亿国人一样，期待着我国能够设计出更有威力的新型战舰，期待着我国强大的海军舰队能够实现跨越式发展！

戚发轫（1933— ），空间技术专家。2001年当选为中国工程院院士。中国空间技术研究院技术顾问、北京航空航天大学宇航学院名誉院长。曾任东方红系列等多个卫星型号和神舟飞船的总设计师，在研制过程中的重大工程技术问题上发挥了指导和决策作用，做出了系统的、有创造性的成就和贡献。获国家科学技术进步奖特等奖、一等奖、三等奖。获全国五一劳动奖章、光华工程科技奖、2020年"最美教师"称号等。1956年加入中国共产党。

戚发轫：
相信党，跟党走

张 蕾

"在党提出'向科学进军'和'关于知识分子问题'后，自己感到责任的重大和党的期望，而我应该有可能为党做比现在更多的工作。因此，我愿意把自己的一切贡献给党的事业。"

——摘自戚发轫的入党申请书

"那一刻，我终于感到自己成为党的人，可以同党心贴心了。"说起当年入党的情景，近 90 岁高龄的空间技术专家、神舟飞船原总设计师、中国工程院院士戚发轫感慨万分。

由于家庭出身被误评为"地主"，年轻的戚发轫一直背负着很大的思想包袱——这个包袱，一直到他成为一名中国共产党党员时，才真正卸了下来。

1956 年，党中央发出"向科学进军"的号召，我国的科学技术事业进入一个有计划的、蓬勃发展的新阶段。积极向上的形势对戚发轫的触动很大，他终于抛掉思想包袱，积极要求入党。

1957 年，戚发轫从北京航空学院（北京航空航天大学的前身）毕业，进入当时成立不久的国防部第五研究院。"飞机工艺专业选了 3 个人，都是党员，我感到很光荣，决心一辈子跟党走、搞航天。"从那之后，无论遇到什么挫折、动荡与委屈，戚发轫都没有动摇过——"相信党，跟党走"成为他始终如一的态度。

"我是学航空的，毕业后先去搞导弹，然后搞运载火箭，再后来搞卫星，1992 年又让我搞飞船……"载人航天，人命关天，当时戚发轫已经 59 岁，马上就要退休了，不过他还是决定服从组织的安排。

在戚发轫看来，我国航天事业能够稳步前行并取得如此大的成就，跟党的领导与正确决策分不开。

1958 年，毛泽东在中共八大二次会议上提出中国也要搞人造卫星。根据当时的形势，中央决定先集中精力搞导弹，强调"两弹为主，导弹第一"。"先搞两弹再搞卫星，体现了中央决策的高瞻远瞩和大局意识，即有所为有所不为，集中力量打歼灭战。"戚发轫说。1965 年，研制卫星的任务被重新提上日程，戚发轫作为东方红一号卫星后期的主要负责人参与了这项工作。

　　20 世纪 60 年代末至 70 年代初，我国提出了曙光一号载人航天计划的设想。据戚发轫回忆，当时大家的意见很不一致，主要集中在花这么多钱搞载人航天到底划不划算，而且那时我国的科技水平也难以支撑这个项目。"最后还是中央表了态：把地球上的事情做好，先搞应用卫星。"于是，我国开始集中精力研发东方红二号通信卫星、风云系列气象卫星和返回式卫星系列等，直到 1986 年，致力于国家高技术研究发展的 863 计划才重提载人航天。经过五年论证，在统一认识、确定技术路线、做好准备之后，"1992 年，中央决定我国的载人航天工程在战略上分三步走"。

　　党的十八大以来，载人航天、月球探测、北斗导航、高分辨率对地观测等重大科技专项不断发展，成为我国迈向航天强国的坚实基础。此外，党中央还非常重视航天精神的传承。"党和国家将每年的 4 月 24 日设立为中国航天日，目的就是铭记历史、传承精神，激发全国人民尤其是青少年崇尚科学、探索未知、敢于创新的精神。"对此，戚发轫深感欣慰。

　　戚发轫嘱咐年轻人要有爱心，无论是爱党、爱国家，还是爱事业、爱团队、爱岗位，"有了爱，你才能把最宝贵的东西奉献出来"。总有航天系统的年轻人问他："戚老总，你们当年吃苦是因为条件不好，没吃没穿；我们现在条件这么好，还需要吃苦吗？""现在讲吃苦，是要你们把智慧和精力用在航天强国目标的建设上，不为五光十色的社会诱惑所动，要做到这一点并不比饿肚子容易。"戚发轫语重心长。

孙晋良（1946— ），产业用纺织材料及复合材料专家。1997年当选为中国工程院院士。长期从事碳／碳复合材料、特种纤维及特种纺织材料等方面的研究工作。研究的碳／碳复合材料喉衬及增强骨架材料为我国国防军工重点型号及航天工业用固体火箭发动机的发展做出重要贡献；导电性合成纤维、复合材料成型用辅料——吸胶透气材料等在劳动防护、航空、航天等领域均得到应用。获中国纺织工业联合会科学技术进步奖一等奖、国家科学技术进步奖二等奖等奖项。1974年加入中国共产党。

孙晋良：
把国家的需要作为自己最大的责任

杨　舒

　　"一个人的成长，除了要有事业心、进取心、创造心，还一定要'不忘初心、牢记使命'。"

——孙晋良

成长于新中国的红旗下，"从未喝过洋墨水"，有着近 50 年党龄的孙晋良，时常在谈笑间形容自己是纯粹的"中国制造"。

近 50 年来，孙晋良在国外重重技术封锁中敢拼敢闯，"白手起家"，率领团队从无到有、从有变强，研发了一系列应用于航空航天、国防事业等重大项目的特种材料，填补了多项国内空白。

1975 年，由于研制新一代战略武器的需要，国家开展了重大国防工程配套项目——研制耐高温耐烧蚀碳／碳复合材料，这是主要应用于固体火箭发动机喷管的关键材料。彼时，正在上海市纺织科学研究院工作、不到 30 岁的孙晋良刚刚入党，就接受了这项艰巨的任务。

面对我国碳纤维技术发展刚起步，国外技术严格保密、资料有限的情况，科研"新兵"孙晋良想方设法从织物入手提取关键纤维原材料，合成了制备碳／碳复合材料的专用树脂，进而开始逐步攻克材料致密化、材料开裂等技术难关。

反反复复，孙晋良带领团队做了数不清多少次实验。对他们而言，几乎每解决一个技术关键都要经历一段艰辛的过程，这是对体力和毅力的双重考验。为了得到翔实可信的实验数据，他们常在实验车间连续观察记录 24 小时甚至更长时间。在研制的关键期，孙晋良因在实验中接触到某种化学品，引发了皮肤过敏，浑身痛痒，脸部严重水肿，医生劝他"暂时离开实验室"，但他硬是咬牙挺了过来。

天下无易事，有恒者得之。经过无数次的试验和研究，孙晋良带领团队发明了纤维网层叠接力式针刺工艺，制成了新型预制体－预氧化纤维整体毡增强骨架，进而研发了相应的复合工艺和装备，成功研制出碳／碳复合材料，配套应用于我国国防军工重点型号，极大地提升了国防实力，并为我国航天工业用固体火箭发动机的研制带来了革命性的进展，满足了当时航天和国防工业的急需。

所有材料国产化，所有复合工艺与技术自主研发，所有装备自主设计，孙晋良团队从原材料、工艺装备、控制系统、研制产品到研发人员全部"国产化"，不惧国外技术封锁和垄断，真正做到了让"中国制造"自主可控！

孙晋良经常和大家说："在大型科研攻关领域，单打独斗或许能行一时，但绝对不可能行千里。要有团队精神，要互相合作、取长补短。"他还经常和年轻的科研工作者谈心，希望年轻人活跃自己的科学思想，勇于探索，把国家的需要作为自己最大的责任。

在这样的氛围中，团队朝气蓬勃，获得"上海市模范集体"等荣誉称号，一批青年教师勇挑重担，成为冉冉升起的科技新星。

2018年，某型号任务突然启动，被列入国防科工局保供任务。在原有设备能力有限、新的军品研制线调试遇到重重困难的情况下，72岁的孙晋良依然带头冲在前面。团队加班加点、全年无休，按时满足了型号急需，保障了型号任务。

在神舟八号、神舟九号、神舟十号与天宫一号和神舟十一号、天宫一号与天宫二号交会对接等任务中，孙晋良带领团队完成了其中关键材料的研制配套任务，受到中国载人航天工程办公室和中国航天科技集团有限公司的高度赞扬。

一颗赤子之心，一腔爱国之情，一股拼搏之力，孙晋良为祖国的航空航天及国防事业默默奉献和奋斗。"我国科技事业的发展，需要一代又一代人持续奋斗。"这是他坚守初心的认知。

童志鹏（1924—2017），电子信息工程专家。1997年当选为中国工程院院士。主持多种通信电台、接力机和机载雷达的研制以及新一代卫星无线电测控系统、数据交换网等研究工作。20世纪80年代领导研究的与国际开放系统互连标准一致的中国研究网，是我国与国际联网最成功、最早的系统之一。作为我国综合电子信息系统研制的带头人、国家级重点工程的开拓者之一，为促进我国电子信息技术和产业发展、稳定和培育科研队伍做出了重要贡献。获1997年度国防科工委科学技术进步奖一等奖，2003年度国防科学技术进步奖一等奖。1957年加入中国共产党。

童志鹏：
心为新中国电信事业跳动

杨　舒

"建设一流的军队、一流的国家。这是一个令民族强盛的想法。"

——童志鹏

"啊！朋友！我们来自祖国的不同角落，幸运把我们聚在同一地方，我们的记忆怀抱着同样长的岁月，我们的过去经历着同样宽的海洋……我们远望西坠的夕阳，心往另一个灿烂无比的太阳，正在东方升起！……听，听！几十颗共鸣的心，为同一希望而跳动！……"

1950 年 8 月，在即将到达香港的"克利夫兰总统号"邮轮上，一位留美归国青年抑制不住自己满腔的热情和内心的激动，写下了《勇敢地前进吧！》这首长诗。这位青年就是童志鹏。岁月如梭，他最终成长为我国电子信息工程专家，并当选为中国工程院院士。

童志鹏于 1924 年出生在浙江慈溪童家村，1946 年从交通大学电机系毕业后，赴美学习，获得美国威斯康星大学博士学位。

在他留学期间，在国内，解放战争取得重大胜利，新中国成立在即。童志鹏与同学们在美国开展了一系列爱国运动。经过不懈努力，克服种种障碍，他终于回到了祖国。

归国后，童志鹏主持了早期我军在抗美援朝战场急需的步谈机通信设备、新中国第一代微波中继通信接力机和机载单脉冲雷达的研制工作，领导了新一代卫星无线电测控系统、数据交换网等重大工程。

1957 年 8 月 29 日，33 岁的童志鹏正式向党组织递交了入党申请书。他在入党申请书中，向党组织汇报了自己对中国共产党和共产主义事业的认识，回顾了自己的家庭背景以及家庭自 1937 年迁到上海后的一系列变迁，也谈到了从美国留学回国后，自己在社会主义革命和建设中得到的锻炼和所做的工作。

在入党申请书中，他写道："1956 年我参加了国家十二年科学（技术）远景发展规划，这更坚定了自己对科学事业的信心，同时对党有了更深的感情。"1957 年 9 月，他光荣地成为一名共产党员。

20 世纪 80 年代中期，世界迈向以电子信息技术为核心的高科技时代。童志鹏作为一位勤于思考、具有战略思维的军事电子系统专家，已过退休年龄仍孜孜不倦，为国家安全出谋划策。与他长期一起工作的同志说，童院士在工作中经常会闪现"思想火花"。他的一些提议因符合当时实际发展的需要，受到领导的重视和支持，有的提议被留在相关的文档记录中，继续照亮后人前进的道路。

20 世纪 90 年代以来，童志鹏在发展我国综合电子信息系统、军事电子预先研究和平流层信息系统等前沿领域做出了开创性的卓越贡献。他理论扎实、知识渊博，是军事电子领域威信很高的学术带头人。

在长期科研实践中，童志鹏多次获得国家级科技奖励，在我国电子信息系统工程建设中发挥了重要作用。他还主持编写了《未来军事电子》和《综合电子信息系统》等重要著作，学术著作颇丰。

童志鹏从一线领导岗位退下以后，用更多的时间去思考一些涉及国家安全战略层面的问题。他认识到，综合电子信息系统和信息栅格技术关系到国家安全，在未来信息化战争中将占据重要地位，因此他及时倡议并参与了综合电子信息系统工程的立项和研制工作。

作为我国综合电子信息系统的开拓者和奠基人，童志鹏在 60 多年的科研生涯中，见证了新中国电子信息事业发展的辉煌历程。这是一部从无到有、从弱到强的发展史，也是一部中华民族自强不息、矢志创新的奋斗史。

童志鹏一直强调"一流军队建体系，得体系者将赢得战争"。始终心怀家国的他曾说："我们在 20 年前就提出了建体系，就是要谋划赢得未来的战争，建设一流的军队、一流的国家。这是一个令民族强盛的想法。"

钟山：
科技强军为国铸"弹"

杨　舒

"无论你来自哪里，无论你从事什么样的职业，航天精神都应该成为一生奉行的准则。"

——钟山

"导弹技术是一个国家科技强军水平的最高体现！没有导弹就没有国家安全。"抱定初心，我国著名防空导弹专家、拥有近70年党龄的中国工程院院士钟山书写了一位航天人的传奇。

1949年，18岁的钟山从重庆大学数学系投笔从戎。4年后，他光荣地成为共产党员。1958年3月，成绩优异的钟山被选调到国防部第五研究院二分院（中国航天科工集团有限公司第二研究院的前身）工作，开始了他毕生从事的导弹事业。

20世纪五六十年代，钟山是我国第一代防空导弹研制的技术骨干，最先倡导和研制出主动式末制导雷达，完成样机试验，当时属国内领先。

"先仿制，后改进，再自行设计"，按照这样的思路，1964年，钟山的技术团队成功生产出红旗-1导弹。两年后，他们又自行研制出红旗-2导弹。正是以上的红旗系列导弹，在1965—1967年间，多次将侵犯我国领空的美国新型U-2侦察机击落，这至今仍是我国军事史上的传奇。

1980年，研制红旗-7导弹武器系统的重任落到了国防部第五研究院二分院的肩上。红旗-7被看作填补我国低空防御空白的第二代武器系统，钟山被任命为总设计师。

面对这个艰巨又紧迫的任务，钟山组织和领导技术团队突破了初制导、制导精度和引战配合等关键技术，既快又省，较好地完成了研制定型工作，独立回路遥测弹飞行试验、闭合回路遥测弹飞行试验、战斗遥测弹飞行试验和全武器系统设计定型飞行试验4个大型飞行试验一次成功。在定型试验中，红旗-7实现了国内四个首次，即首次创造了超低空、双靶、五弹中五靶的纪录，首次通过武器系统全面的战术性能使用试验。1992年，红旗-7获得了国家科学技术进步奖特等奖。

1988年，钟山再次出任海红旗-7导弹总设计师。经他倡议、决策和参与，海红旗-7突破多项关键技术，圆满完成重要试验，为我军引进装备的顺利验收做出重要贡献。

飞蠓-80、飞蠓-90……多年来，钟山主持研制的武器系统已装备于我国陆、海、空三军，他指挥、决策发射导弹上百发，编写各类资料、技术报告百篇以上，培养了一支优秀的设计师队伍，为我国国防事业做出了重大贡献。

而后，70多岁的钟山出任2008年北京奥运会、残奥会场馆安保科技、指挥控制系统设计项目总设计师。他与团队共同努力，完成了中国自主研发的奥运安保科技系统，荣获了党中央、国务院颁发的"北京奥运会、残奥会先进集体"荣誉称号。2010年，钟山因突发脑梗住院，后遗症影响了他的语言表达。他硬是凭借过人的毅力，从识字开始，顽强恢复。之后，他积极投身智慧产业，带领科技人员将安保科技系统应用于"智慧城市"，从"平安奥运"迈向"智慧城市"。

几十年的防空导弹事业，让钟山有一肚子惊险刺激的故事和人生感悟。如今，已经90多岁高龄的他还经常带着这些故事走进校园，与青年学子分享。

"我国航天事业从无到有、从小到大、由弱到强，与航天精神密不可分——'特别能吃苦、特别能战斗、特别能攻关、特别能奉献'，这样的航天精神被一代又一代航天人发扬光大，到了今天依然没有过时。"在一次演讲中，钟山对年轻人说，"无论你来自哪里，无论你从事什么样的职业，航天精神都应该成为一生奉行的准则。"

杜祥琬（1938—　），应用核物理、强激光技术和能源战略专家。1997 年当选为中国工程院院士。中国工程物理研究院高级科学顾问。曾任中国工程院副院长、国家 863 计划激光专家组首席科学家，是我国新型强激光研究的开创者之一。主持我国核试验诊断理论和核武器中子学的精确化研究，为我国核试验成功和核武器发展做出重要贡献。获国家科学技术进步奖特等奖 1 项、一等奖 1 项、二等奖 2 项，获何梁何利基金科学与技术进步奖等奖项。1956 年加入中国共产党。

杜祥琬：
绝对服从祖国的需要

陈海波

"国家需要的事，我觉得有意义，就去做了。"

——杜祥琬

　　"我愿学习工科或理科，并绝对服从祖国的需要。"1956 年，18 岁的杜祥琬被选为留学苏联的预备生。填写选拔留苏生登记表时，他在"对留学的认识与志愿"一栏中这样写道。

　　彼时，他成为一名中国共产党预备党员才几个月。登记表里满载着这名新党员的赤诚："为了加速祖国的社会主义建设，使社会主义、共产主义早日到来，我愿意留学。学习外国的先进科学技术，成为一个称职的建设者，在建设社会主义的伟大劳动中，贡献自己的全部力量。"

　　由于一些客观原因，这次留苏之旅并未成行。1959 年，国家选派大学生到苏联莫斯科工程物理学院攻读原子能专业，杜祥琬再次被选中。那种学习先进技术、建设社会主义的热情，在留学期间酝酿得更为浓烈。

　　1964 年，以优异成绩毕业的杜祥琬迫不及待地回到祖国。这一刻，他似乎等了很久，"绝对服从祖国的需要"的誓言不止一次在他的耳畔响起。

　　多年后，杜祥琬在接受媒体采访时谈道："很多院士都在国外进修学习过。美国人曾开玩笑说我们都有一个'M'，他们爱的是 MONEY（钱），但我们爱的是 MOTHER（母亲）和 MOTHERLAND（祖国）。其实我们也不是不懂得钱的重要，我们的国家也要富裕起来，这正需要我们去为祖国而努力。"

　　带着这份朴素的情感，杜祥琬进入第二机械工业部第九研究设计院从事氢弹原理研究工作。

　　"这广袤无垠的戈壁荒漠，为一批批为国奋斗的人们提供了广阔的用武之地，穿军装和不穿军装的几代人，隐姓埋名，历尽艰辛，在曲折磨砺中成熟，却也享受着一次次成功给予的无可比拟的激动和兴奋。为民族的兴盛和老百姓扬眉吐气，做成一点有用的事。这种精神享受是无可替代的。"多年后，杜祥琬撰文深情回顾那段激情燃烧的岁月，"核武器让中国人不仅站起来，而且腰杆硬起来！"

1986年，我国启动863计划。在核物理领域已深耕大半辈子的杜祥琬，转到强激光技术研究领域，开始了他"最难、最焦虑"的一段研究历程。"国家当时又有了新课题、新任务给我们。"对此，杜祥琬如此轻描淡写地描述这个转变。

作为863计划激光专家组首席科学家，杜祥琬感受到前所未有的压力和责任："这条路之前国内国际都尝试过，但都没有做成功，我们要一步一步摸着路走……目标、技术路线以及途径，都需要我带领专家组来做，必须要考虑顶层和全局。"

杜祥琬一干又是20多年，带领团队使我国高能激光系统达到世界先进水平，并推进到装备实用阶段。他把这段"最难、最焦虑"的时光，变成了自己"成就感最强"的科研经历。

不过，杜祥琬并没有在这条"成就感最强"的道路上继续走下去。此后，他投身能源环保、应对气候变化等领域，做了大量创新性研究和开创性工作。

对一名科学家而言，多次转变研究领域似乎并不"划算"。杜祥琬自然也明白："如果一个人的一生就做一件事，他就会像挖井一样，可以做得更深一点儿。我并不想转领域。"但是，他每次都转了。为何？

"国家需要的事，我觉得有意义，就去做了。"这就是他的回答，他18岁时就已给出了承诺。

杨绍卿（1941—　），外弹道学与灵巧（智能）弹药武器系统工程技术专家。2011年当选为中国工程院院士。中国兵器工业集团有限公司第203研究所研究员、公司首席专家。长期从事外弹道学与灵巧（智能）弹药武器系统的理论和工程技术研究工作，是我国野战火箭散布、稳定性和偏差修正理论体系，以及末敏弹系统理论和工程设计方法体系的主要创建者之一；主持研制成功我军第一个火箭末敏弹装备和炮射末敏弹装备。获国家科学技术进步奖一等奖，省部级科学技术进步奖一、二等奖，光华工程科技奖，何梁何利基金科学与技术成就奖等奖项。1974年加入中国共产党。

杨绍卿：
我愿意为中国国防科技事业奋斗终身

金振娅

"不管用多长时间，只要国外有的东西，咱们一定能把它干出来！"

——杨绍卿

2015 年 9 月 3 日，在纪念中国人民抗日战争暨世界反法西斯战争胜利 70 周年阅兵式上，中国人自己研制的末敏弹接受了祖国和人民的检阅。

三军列阵，铁甲生辉，首次公开露面的末敏弹气势恢宏地经过天安门广场。"祖国再也不会受大规模装甲的威胁了。"杨绍卿热泪盈眶，十余年的艰辛探索，终成国之大器，末敏弹成为我军最具威慑力的远距离反装甲武器之一。

1995 年，西安现代控制技术研究所（中国兵器工业集团有限公司第 203 研究所的前身）已经对末敏弹进行了十多年的研究，但始终无法攻克关键技术难关。彼时，一些国家已经装备了或研发出先进的末敏弹。如何能自主研发出与之抗衡的末敏弹装备？这一艰巨的任务，落在了杨绍卿的身上。

1967 年，刚从北京大学物理系毕业，杨绍卿就怀着对国防事业的热爱，在位于吉林省白城市的中国人民解放军某试验基地任技术员，后随队成为西安现代控制技术研究所的一员。40 岁那年，他以访问学者的身份留学美国，面对导师的极力挽留，杨绍卿深知自己肩负的责任，毅然回国。

忆往昔，看今朝。面对主持研制末敏弹项目这样的重大机遇与挑战，基本处于白手起家状态的杨绍卿毫不畏惧，他迅速组建科研队伍，在荒原沙漠的试验场上，经受着严寒、酷暑、风沙、雨雪、高原缺氧的洗礼。

2008 年，杨绍卿主持研制成功了我国第一个末敏弹武器系统，为我军开辟了智能弹药装备的新领域。

"只要国家需要，我愿意为中国国防科技事业奋斗终身！"这是杨绍卿刚参加工作时就立下的铮铮誓言。从青春年华到耄耋之年，不论是作为军人、知识分子，还是作为一名中共党员，杨绍卿坚守信仰、宠辱不惊、坚忍执着、不改忠诚。

2010 年前后，杨绍卿开启了升级版末敏弹的研制。升级后的末敏弹系统技术难度大大增加，这种末敏弹也是唯一能对装甲目标实现精准探测和打击的末敏弹。

杨绍卿带领团队，与时间拼抢，与艰苦竞技。他的工作强度总是与所有人一样，从未缺席任何一次现场试验……大家打心眼里心疼这位年龄与他们父亲相仿的总师。

有一次，试验地点设在秦岭脚下，需要在高度差 100 米的塔上和塔下配合着做检测，而且只能晚上做。塔上没地方避风挡寒，遇到冬天，不能戴手套，渴了只能啃冰块，冻得人直想哭；塔下的人要推着目标来回走动，一晚上相当于步行几十公里。每天最多休息 6 小时，连续 1 个月，谁也没有叫苦。"是我的团队成就了我，他们才是真正的'干惊天动地事，做隐姓埋名人'的无名英雄，是我心中最可爱的人。"杨绍卿常这样感慨。

作为我国末敏弹技术与装备领域的主要开拓者和奠基人，杨绍卿主持解决了多项关键技术。多年来，我军不仅实现了末敏弹装备零的突破，而且在技术和性能上实现了该领域在世界范围内的领先。

2008 年和 2019 年，杨绍卿两度荣获国家科学技术进步奖一等奖。2015 年，他带领的团队获国防科技创新团队奖。

为了给国家末敏弹技术与装备的可持续发展奠定坚实的理论基础，杨绍卿白天工作，晚上写作，出版专著 6 部，被授权发明专利 23 项。

如今，已是耄耋之年的杨绍卿，仍奋战在科研一线，为我国国防科技事业殚精竭虑……

王兴治（1935— ），制导技术专家。1995 年当选为中国工程院院士。中国兵工学会常务理事，曾任西安现代控制技术研究所所长。长期致力于我国制导兵器的研究设计工作，是我国反坦克导弹研究领域的先驱者、领军者；曾任红箭-8、红箭-9 等三型导弹武器系统总设计师，2017 年至今任新型导弹武器系统总设计师。获全国科学大会奖、国家科学技术进步奖特等奖、中国工程科学技术奖、何梁何利基金科学与技术进步奖等奖项。获"国家有突出贡献中青年专家""优秀共产党员专家"等荣誉称号。1959 年加入中国共产党。

王兴治：
自主创新，30 多年前我国红箭-8 导弹赶上世界先进水平

张亚雄

"国家需要就是我们的使命。"

——王兴治

当前，"兵器研制的导弹在装备体系上已经赶上世界先进水平，外国有的我国都有了；外国没有的，有的我们也有了"。

这些成绩的取得，离不开国家的重视、军队需求的牵引和人才的培养。

作为我国反坦克导弹领域的主要开拓者和领军者，如今已是 80 多岁高龄的王兴治，仍然奋战在兵器科技事业一线。他精神矍铄、思维敏捷、雷厉风行，让年轻人佩服。

是什么让一位耄耋之年的老人有这么大的干劲呢？

1963 年，刚刚从中国人民解放军军事工程学院导弹专业毕业的王兴治，怀着科技报国的理想，投身我国反坦克导弹研制事业，这一干，就是近 60 年。

20 世纪 70 年代初，国家下达了研制红箭-8 反坦克导弹的重要任务。这一重任落到了王兴治和他的战友们身上。当时研制条件十分艰苦，担任总设计师的王兴治几乎每天都工作、学习十一二个小时，全身心地扑在科研工作中。没有试验手段就自己动手，土法上马；没有经验就从实践中学，注意总结；没有可借鉴的成功案例，就设计十几个方案，逐一进行验证……在艰苦的条件下，王兴治带领大家，克服重重困难，勇往直前。

1984 年，在国庆 35 周年阅兵式上，我国自主研发、具有国际装备水平的红箭-8 反坦克导弹武器系统以第一方阵通过了天安门广场，接受了党和人民的检阅，并于 1987 年获得国家科学技术进步奖特等奖。此后，红箭-8 反坦克导弹武器系统以其良好的性能打入国际市场，至今已出口多个国家和地区，享誉全球，创汇数十亿美元。红箭-8 的研制成功，不仅使我国在反坦克导弹领域赶上了世界先进水平，还为我国反坦克导弹的发展奠定了根基。从此，我国较为系统地建立了反坦克导弹理论，并形成了独立自主的兵器工业体系。

20 世纪 80 年代末，王兴治又承担了研制射程更远、威力更大的红箭-9 反坦克导弹武器系统的任务。王兴治作为总设计师，明确了自主研制的思想，坚持走自主创新之路。他处处身先士卒，深入科研、试验一线，和大家一起夜以继日地工作，攻克一个个技术难关。在渺无人烟的大漠戈壁，在大雪封山的高寒高海拔地区，在蚊虫肆虐的酷热地区……到处都留下了他的足迹。事后谈及这些经历，王兴治感慨地说："当时只能前进，没有退路。我们是搞装备的，关键时刻拿不出新东西，愧对祖国和军队的将士！"

在王兴治的带领下，科技工作者的努力结出了硕果。2001 年，我国自主创新的具有世界先进水平的红箭-9 反坦克导弹武器系统定型，获得国家科学技术进步奖二等奖，并作为主战装备列装我国陆军。

2004 年，根据世界军事斗争特点和我国反坦克导弹发展的需要，69 岁的王兴治为我国兵器科技事业殚精竭虑，提出了研制新型多用途武器系统的建议，并于 2008 年主持研制工作。

2012 年，该武器系统设计定型，实现了飞行百分之百可靠、命中率百分之百的两个历史性突破。使武器系统达到战技指标不是王兴治的最终目的，"让国家放心、让部队满意、让战士好用"，是王兴治对科技人员强调最多的设计理念。

王兴治曾用一段很形象的语言表明心志："自从干上这一行，我就意识到了，我是被判了'无期徒刑'，注定我这一生要永远为我军装备服役，舍此，别无选择！"

张彦仲（1940— ），航空系统工程专家。2001年当选为中国工程院院士。"大型飞机""航空发动机及燃气轮机"国家科技重大专项专家咨询委员会主任。曾任航空工业部总工程师、中国航空科技工业股份有限公司董事长。长期从事机械振动、信号处理与航空系统工程工作。主持研制我国第一套18000g冲击加速度校准装置；主持研究提出"大型飞机"国家科技重大专项总方案，主持研究制定"航空发动机及燃气轮机"国家科技重大专项实施方案和"机载系统提升计划"，全面推动我国航空科学战略发展。获国家级、省部级奖项11项。撰写专著12部，参与编写词典1部。1960年加入中国共产党。

张彦仲：
不慕名利的国产大飞机专家

张亚雄

"中国航空工业发展到今天是大家的功劳。"

——张彦仲

"现飞机已取得特许飞行证，完成了高速滑行试验，可以首飞！"

2017 年 5 月 5 日 15 时 19 分，我国自主研制的 C919 大型客机在上海浦东国际机场安全落地，首飞成功！

首飞前，银发如霜、近 80 岁的中国工程院院士张彦仲满眼自豪，宣布 C919 大型客机可以首飞，并现场颁发 C919 大型客机特许飞行证。

作为我国航空科技事业的开拓者之一，张彦仲以身许国，呕心沥血，砥砺前行，勇攀高峰，献身祖国航空事业一甲子。

1962 年，张彦仲毕业于西北大学物理系。1984 年，他于剑桥大学三一学院获得博士学位，成为新中国成立后我国首位在三一学院毕业的博士。他曾主持研制成功我国第一套 18000g 冲击加速度校准装置；率先在国内开展飞机发动机的故障诊断研究，解决 55 架进口飞机的振动故障问题；研制成功发动机测振仪。他曾因突出贡献获得全国科学大会奖。

为打造大国重器，让中国的大飞机早日翱翔蓝天，彻底解决航空动力长期受制于人的瓶颈问题，张彦仲全身心投入国产大飞机和"两机"（航空发动机和燃气轮机）事业。

经国务院任命，自 2006 年起，张彦仲先后出任国家科技重大专项"大型飞机""航空发动机及燃气轮机"论证委员会主任。他主持研究协调了大飞机方案的"军民之争，大小之争，东西之争，内外之争"；经过艰苦论证，主持解决了专项的目标、任务、经费及体制等方面的难题，圆满完成专项实施方案论证。立项后，他担任这两个国家科技重大专项的专家咨询委员会主任，精心指导两大专项顺利实施，为国家科技重大专项领导小组提供了高质量的科学决策咨询意见，为 C919 等大飞机的研制及成功首飞做出了重要贡献。

著作等身，是谦逊低调的张彦仲的又一个"标签"。他曾取得多项国际领先的学术成就，撰写了《数字信号处理系统及其实现》《机械振动与冲击测量》等学术专著12部，还参与编写了《英汉信息技术词典》。

甘于奉献，不争功奖。张彦仲在航空工业部工作几十年，曾负责多个重大航空项目的立项、决策，组织研制和首飞，并为之做出重要贡献。这些项目都荣获了国家级大奖，但他自己从不参加报奖。申报成果时，有人要把他列入受奖人名单，他婉言谢绝。他是为数不多的无国家大奖而被评选为院士的科学家。

飞机结构寿命与可靠性专家张福泽院士回忆道："2001年，中国工程院机械与运载工程学部评选院士时，指定我和其他几位院士审查张彦仲的论文和成果。我们系统地看了张彦仲申报书中的成果，感到他学术作风严谨。9项重要成果，都是自己亲自动手干出来的，没有一项是集体或者分享的奖项。尽管他完全有很多的机会和便利可以成为国家大奖的获得者，但是，他从不伸手，不沾重大奖项的光，体现出他不谋私利、不占便宜、不沽名钓誉的学术风范，这一点是十分难得和极不易做到的！"

张彦仲忠诚于党，信念坚定，勇于担当。他三次改行，临困受命，出色地完成了党和国家交给中国航空工业第二集团公司"三年扭亏脱困、两年改革上市、一年飞机上天"的艰巨任务。虽然已是耄耋之年，但他老骥伏枥，志在蓝天，心系国家安危和航空强国事业，依然不辞辛劳地工作，激励、指导着一代又一代献身航空事业的奋斗者们勠力同行。

正如熊光楷上将评价张彦仲时所说的，"他的特点是言行低调、谦和、儒雅。当我们谈到他对我国航空工业的贡献时，他总是强调，'中国航空工业发展到今天是大家的功劳！'"

朵英贤（1932— ），自动武器专家。1999年当选为中国工程院院士。北京理工大学教授，曾任中国兵器工业集团有限公司科技委委员、中国兵器装备集团有限公司科技委委员。某式轻重两用机枪的技术总负责人；某式自动武器的总设计师，使其总体性能处于世界先进水平。获全国科学大会奖、国家科学技术进步奖一等奖等奖项，获"甘肃省先进科技工作者"等荣誉称号。主编《兵器工业科学技术辞典·轻武器》等多部著作。1987年加入中国共产党。

朵英贤：
用枪筑起我们的"新长城"

张晓华

"祖国母亲啊，您就蒸蒸日上吧，我们紧跟着您！"

——朵英贤

1997 年，在香港回归的交接仪式上，一种新型步枪在解放军驻港部队官兵的手里初次亮相；2004 年，我国在动荡的伊拉克重建大使馆，这种外形新颖的步枪又出现在护卫大使馆的特警手中……

在 95 式枪族中，这种新型步枪是当时我军装备中最先进的轻型武器，以"精度最高、重量最轻、尺寸最小、有效射程最远"四个"最"称雄于世界枪支之林，终于圆了我国著名轻武器专家朵英贤近半个世纪的梦。

"我从小就喜欢枪。"在 95 式枪族问世前的近半个世纪，从小喜欢中国传统文化的朵英贤一直梦想着设计中国自己的步枪，也曾想过当一名光荣的人民教师。"年代不同，成长轨迹不同，梦想也会有所不同。但有一样相同，就是响应祖国号召，成为对社会有用的人。"朵英贤这样认为。

经历过抗日战争的朵英贤把全部的热情投入学习中，立志科研报国。

20 世纪 50 年代的中国，百废待兴，建设强大的国防力量迫在眉睫，朵英贤毅然报考了华北大学工学院机械系。毕业后，他和同事们共同创建了我国第一个自动武器试验室，在技术上领衔设计了我国 67 式轻重两用机枪。此后，从昆明到太原机械工业学校，从甘肃油泵油嘴厂到北京 208 所（中国兵器工业第 208 研究所），朵英贤始终怀着科研报国的拳拳之心。在甘肃油泵油嘴厂的 8 年中，朵英贤解决了一个个关键技术难题，获得"甘肃省先进科技工作者"荣誉称号。

1980 年，朵英贤来到了中国兵器工业第 208 研究所。彼时，AK47 及其改进型已经风靡世界，M16 也在越南战争中强势崛起。

"仿造，只会造出二流枪，在战场上没有竞争力。"在朵英贤看来，中国必须赶上小口径步枪的最后一班车，形势尤为紧迫。

AK 系列和 M16 系列在力学上均存在缺陷，前者考虑了可靠性而忽视了精度，后者顾及了精度而忽视了可靠性。动力学是不是突破口呢？为了进行求证，朵英贤先后于1988年和1989年以中国兵工学会的名义，把美国M16系列的总设计师斯通纳和苏联AK47系列的设计师卡拉什尼科夫请到了北京。卡拉什尼科夫对此避而不谈，斯通纳对此避重就轻。相对薄弱的力学基础是两位"枪王"身上唯一的突破口，也是朵英贤迎头赶上的唯一希望。朵英贤心里有底了！

1990年5月，朵英贤被正式任命为"新5.8毫米枪族"项目的总设计师。当时，他年近花甲，面临着设计指标高、生产基础差、技术储备缺乏、科研队伍青黄不接、开发时间所剩无几等诸多困难。

"困难来了，我们都是迎着上！只要路线对头，没有条件可以创造条件。"朵英贤提出了"发扬优势，缩短差距，创出新路"的思路，带领团队经过反复的方案论证、工程设计、技术攻关、定型试验等阶段，1995年底一次性通过了国家靶场试验。从批准、设计到定型，有效研制仅用时两年八个月，我国轻武器的发展实现了历史性的跨越。

从1996年开始，95式枪族取代了我国使用多年的仿苏武器装备。"可惜没当过兵！"朵英贤认为，如果上过战场，也许可以把95式枪族的人机系统设计得更好。"产品设计定型后，课题组就解散了，这是种'遗憾'的艺术。"令他欣慰的是，95式枪族的改进型在他培养的年轻人手里实现了。

朵英贤回忆，他幼时体弱，曾得一乳名，叫"保娃"。好多人对此颇有兴趣，他解释为"人民保护的娃娃"。"我的一生确实应验了这个解释，我的的确确是在人民的保护哺育下成长起来的，人民是我的保护神。"

为了人民，享有"95式枪族之父"和"中国枪王"美誉的朵英贤，带领团队，用新式武器筑起了"新长城"，拱卫着祖国的和平！

刘大响（1937— ），航空动力专家。1995年当选为中国工程院院士。北京航空航天大学教授、博士生导师，中国航空工业集团有限公司和中国航空发动机集团有限公司高级顾问。曾任中国燃气涡轮研究院总工程师、总设计师和第一总设计师，中国航空工业集团有限公司科技委副主任。长期从事航空发动机设计和研究工作，为我国航空发动机基础和关键技术研究奠定了良好的基础。获国家科学技术进步奖特等奖1项、二等奖2项，获何梁何利基金科学与技术进步奖。获"全国先进工作者"荣誉称号。1959年加入中国共产党。

刘大响：
为祖国的蓝天铸"心"

杨　舒

"为使国产飞机都装上健康强劲的'中国心'，愿在有生之年，继续为航空发动机'鼓与呼'，直到自己的生命之光熄灭为止！"

——刘大响

航空发动机是飞机的"心脏",乃国之重器,被誉为"工业皇冠上的明珠"。作为我国航空动力界第一位中国工程院院士,刘大响已辛勤耕耘了 60 多年。

1959 年 6 月,刘大响加入中国共产党,他一直以党的事业需要为己任,哪里需要就在哪里安家。他常说:"我是属牛的,老牛自知使命重,'不用扬鞭自奋蹄'。"

1960 年,刘大响从北京航空学院毕业后留校,师从宁幌教授攻读副博士研究生。1962 年他到沈阳 606 所(中国航发沈阳发动机研究所)工作,参与了第二代涡喷-7 发动机摸底及其改进型号研制工作。1970 年,为支援三线建设,刘大响奉命调到了四川 624 所(中国燃气涡轮研究院),举家从沈阳来到了四川。

在四川一个偏僻艰苦的山沟里,从 33 岁起,刘大响度过了人生中最富活力的 30 年。从 1974 年起,他先后担任国家重点工程——大型高空模拟试车台设计室副主任、试验研究室主任和分管高空台的副总工程师,1986 年接任所总工程师,全面主持高空台的建设、调试和试验研究工作。

他与几届领导共同努力,将 624 所建设成为我国规模最大的航空发动机试验研究基地和预研中心,建成了自主研制航空发动机必不可少的大型高空模拟试车台,使我国成为当时世界上第五个拥有大型高空台的国家。由此,高空台在 1996 年荣获"95 全国十大科技成就奖",1997 年又获国家科学技术进步奖特等奖。

创新并未止步。

高推预研是我国第一个按系统工程组织管理的航空发动机大型预研项目。1986 年,刘大响担任总工程师兼高推预研总设计师,在经费锐减、外界质疑的艰难时期，他大胆提出了"在高推预研基础上开展三大部件、核心机和验证机研制"的重要建议，得到相关部门的大力支持，中推核心机被列为总装备部"八五"计划的 18 项关键技术之一。

没有专用核心机试车台，刘大响顶着巨大的压力，冒着风险提出了采用高空台的替代方案，主持完成了中推核心机设计状态下的加温加压试验，这在我国是首次，在世界上也绝无仅有。

中推核心机的成功研制，使我国航空发动机在自主研发的道路上迈出了关键性的一步，1995 年获得国家科学技术进步奖二等奖。624 所逐步形成"艰苦奋斗、努力拼搏、团结协作、无私奉献"的"中推精神"。两年后，刘大响获得何梁何利基金科学与技术进步奖，并荣获"全国先进工作者"荣誉称号。

2000 年，年逾花甲的刘大响奉命调到北京，担任中国航空工业第一集团公司科技委副主任，同时任教于北京航空航天大学。2003 年，他当选为第十届全国人大代表和全国人大常委会委员，积极履职尽责，多次为大飞机、"两机"专项的立项和根治飞机的"心脏病""鼓与呼"。

如今，虽已是耄耋之年，但刘大响对中国航空发动机事业仍充满着热情，充满着期待。他坚信："我们一定能为军民用航空装备提供健康强劲的'中国心'，从根本上解决我国航空发动机的自主保障问题。在可以预见的不远将来，一个航空动力强国必将屹立在世界的东方！"

王大珩：
我是时代的幸运儿

罗沛霖：
为了新中国，这些都算不了什么！

张维：
让灾难深重的祖国富强起来

王选：
他本身就是一面旗帜

金怡濂：
以毕生精力服务国家

王泽山：
只在意能否以所学壮大国防

钱七虎：
为国家铸就钢铁强盾

刘永坦：
还得往前走！

李东英：
国之所需，我之所向

崔崑：
中国一定要有自己的模具钢种！

王淀佐：
虽九死其犹未悔

魏复盛：
干一些平凡的实事

金国藩：
科研工作不能停留在发文章上面

李恒德：
我就是喜欢中国！

何继善：
将个人的命运同国家、民族的命运相融合

他们是无人区里的探索者，从0到1，从无到有，在空中起楼阁，在沙中堆高塔，在一片混沌中开辟新天地

邬贺铨：
让中国通信技术领跑世界

陈清泉：
分秒必争，用科技造福中国

郝吉明：
满足百姓对蓝天的渴望

傅恒志：
熔铸赤子心

杜善义：
甘为航天事业育桃李

周廉：
为材料科学事业不断注入新能量

李泽椿：
党和国家需要，就要尽心尽力

陈俊亮：
为民族做贡献是最高兴的事

徐德龙：
我本一胡杨

崔俊芝：
搞科学研究就是要做前人没有做过的事

旭日干：
干事业一定要讲奉献

柳百成：
为中国制造领跑世界而奋斗

倪光南：
只为追求"中国芯"

李德仁：
把中国的"太空之眼"擦得更亮

王大珩（1915—2011），我国光学事业奠基人之一。1955年当选为中国科学院学部委员（院士），1994年当选为中国工程院首批院士。对我国国防现代化和各种大型光学观测设备研制有突出贡献，在我国仪器仪表事业及计量科学的发展中起了重要作用。创办了中国科学院仪器馆（后发展为长春光学精密机械研究所），领导该所30余年，研制出我国第一埚光学玻璃、第一台电子显微镜、第一台激光器。获国家科学技术进步奖特等奖和何梁何利基金科学与技术成就奖等奖项，被授予"两弹一星"功勋奖章。1978年加入中国共产党。

王大珩：
我是时代的幸运儿

徐 畅

"刻苦从事科学事业，做到又红又专，为了革命的需要，为了党和人民的利益，坚持原则，不怕困难，不怕牺牲，为实现新时期的总任务，为实现党的纲领，为共产主义事业，努力不懈，积极工作，奋斗终身。"

——摘自王大珩的入党志愿书

作为我国光学事业奠基人之一，王大珩与中国共产党的情缘，起于那段"华北之大，已经安放不得一张平静的书桌"的岁月。1935 年，日寇将侵略的魔爪伸向华北，策动所谓"华北五省自治运动"。在中国共产党的领导下，北平学生发起了抗日救亡的"一二·九"运动。作为学生游行的提议人之一，正在清华园读书的王大珩与众多进步青年一起，走上街头，第一次喊出"打倒日本帝国主义"的口号。此后，虽未直接参加革命工作，但国难当头，王大珩一直都在思考如何让这个贫弱的国家强大起来。

1938 年，从清华大学物理系毕业的王大珩考取了留英公费生，赴英国帝国理工学院攻读应用光学专业。彼时，光学的前沿技术在军事上扮演着重要角色，被各国视为要害技术，"竭尽保密之能事"。王大珩身在英伦，心系祖国，始终坚持将自己的学习研究与祖国的实际需要紧密结合。尽管学业进展顺利，但为了学习光学仪器的核心材料——光学玻璃的制造技术，王大珩毅然放弃了攻读博士学位，成为英国昌司玻璃公司的一名物理实验师。"不入虎穴，焉得虎子"，他做出如此选择，只因"我的祖国是多么需要这种技术啊"。

1948 年，王大珩回到日夜思念的祖国，参加创建由中国共产党创办的新型正规大学——大连大学，并组建应用物理系，任系主任。"在这截然不同的两条道路上，我选择了到解放区的道路，我的路子走对了。"回首往事，王大珩称自己"是时代的幸运儿"。

在参与新中国建设的过程中，王大珩加深了对中国共产党的认识。知之愈深，对党的感情就愈加深厚，王大珩渴望加入这个代表着人民利益的组织。1956 年，他申请入党，并在很长一段时间里，认真接受党的考察。"在党的培养下，我对马克思主义有了初步的认识。更加理解了上层建筑要与经济基础和生产实践相适应的道理；人民作为推动社会进步的主人，要在认识客观世界的基础上，能动地改造世界；要树立革命的人生观；并深感由于专业决定，个人的知识能力是有限的，事业要靠群策群力来完成，一切要服从祖国的需要。"他在个人自述中表示，"这些思想引导我努力做到以公为先，不计个人名利，爱惜人才，培养后进，团结协作，以及顺应实际情况，因势利导等，同时也要敢于向错误做斗争。"

正如《赤子丹心　中华之光——王大珩传》作者胡晓菁所言，随着"科学的春天"的到来，"王大珩深有一种'是时候了'的感觉"——1978 年，已过花甲的王大珩再次向党组织递交了入党申请书。当年 10 月 16 日，经长春光学精密机械研究所党委批准，王大珩终于被党组织接纳，成为一名光荣的中国共产党党员。在随后举行的"王大珩同志入党宣誓大会"上，王大珩热泪盈眶，他发下誓言，要为中国的科技事业做出新的贡献！

在人生的后 30 年，王大珩没有辜负自己的誓言，不仅在光学研究的舞台上继续发光发热，更将目光投向国家科技战略布局，积极向党和国家建言献策。

1986 年初，针对世界其他大国以高技术发展为核心，着手实施新一轮科技革命的紧迫局面，王大珩与陈芳允、王淦昌、杨嘉墀等科学家联名向党中央上书《关于跟踪研究外国战略性高技术发展的建议》，最终促成了 863 计划的出台，中国高技术奋起发展的新征程从此开启。

作为一名战略科学家，王大珩为国家重大科技领域的发展出谋划策，为我国开展激光核聚变研究、建立中国工程院、实施"大飞机"项目，以及制定《国家中长期科学和技术发展规划纲要（2006—2020 年）》等提出自己的建议。

他把这些归于自己的使命，"为了一个爱国主义，为了我们国家的强盛，对于这个民族的振兴，对于人民生活的改善，我们应当发挥我们的这种天职"。

罗沛霖（1913—2011），电子学与信息学家。1980年当选为中国科学院学部委员（院士），1994年当选为中国工程院首批院士。新中国电子工业奠基人，中国工程院六位倡建人之一。负责引进、建设并参与设计我国电子元件生产的巨型企业华北无线电器材联合厂（718联合厂）；指导并参与了我国第一台超远程雷达和第一组大、中、小型系列电子计算机联合研制的启动工作；在电子电路、无线电话发射、雷达理论、电子计算机逻辑设计、电机电器等领域均有创新成果。美国Sigma Xi会员和IEEE（国际）终身特级会员，被授予IEEE建会百年纪念勋章。获2000年度中国工程科学技术奖。1956年加入中国共产党。

罗沛霖：
为了新中国，这些都算不了什么！

金振娅

"自己工作的选择应重点考虑党和国家的利益，不能只强调个人可能获得的科研成就。"

——罗沛霖

　　1956 年 3 月 24 日，经过近 20 年对共产主义理想的不懈追求，罗沛霖被批准加入中国共产党。

　　这让他激动不已，他终于成为一名中国共产党党员！

　　被誉为"红色科学家"的罗沛霖，早在 1937 年中华民族危亡之际，就毅然放弃优越的生活，奔赴革命圣地延安。当时，他才 20 多岁，就创建了延安（盐店子）通信材料厂，同时还担任中央军委无线电通信学校的教师，为抗日前线培养通信人才。

　　1948 年 9 月，带着党的嘱托，在好友钱学森和前辈蒋葆增的推荐下，罗沛霖赴美留学。对一个 30 多岁的人来说，重入大学之门捧起书本并不是一件轻松的事。然而，在罗沛霖心里，"党派我来留学，为了新中国，这些都算不了什么！"

　　短短 22 个月，罗沛霖凭借惊人的毅力，越过硕士学位，直接拿下美国加州理工学院的博士学位。

　　留学期间，他还从事着另一项极为重要的任务，即担任留美中国科学工作者协会加州理工学院支会的负责人，动员留美人员回国参加建设是当时他的主要工作之一。

　　根据刘九如、唐静所著的《中国工程院院士传记：罗沛霖传》记述，1949 年 10 月 1 日，通过短波无线电收音机，罗沛霖收听到了一个令人激动万分的消息——中华人民共和国成立了！他立即告诉了钱学森这个好消息，又去找了郑哲敏和冯元桢，分头通知在校的中国同学。

　　祖国的新生，令海外游子扬眉吐气。与此同时，一种强烈的思乡情愫萦绕在每个人的心头，他们竞相传递着来自祖国的最新消息，每个科技工作者都有了更迫切的使命感，渴望拥有服务祖国的机会。

1950 年，罗沛霖克服重重困难从美国回到祖国。同年，邓稼先、庄逢甘、鲍文奎等一大批知名留美科研人员集中回国，积极投身社会主义新中国建设事业。

放弃了进入中国科学院和负责电信工业局的机会，罗沛霖专注于我国的电子工业与电子科技发展，参与和推动了微电子、计算机、广播电视、远程雷达、卫星通信、光纤通信等诸多领域的发展："一五"期间负责我国第一个大型综合电子元件联合工厂——华北无线电器材联合厂，担任建厂技术总负责人，我国第一颗原子弹、第一颗人造卫星的许多关键元件都是这个厂生产的；主持我国第一代超远程雷达和国产电子计算机联合研制的技术工作及组织工作；主持、参与多次国家科技规划电子学部分的撰写工作……

被誉为新中国电子工业奠基人的罗沛霖，在 20 世纪 80 年代前后，意识到工程技术工作对国家建设的重要性，1982 年，他与张光斗、吴仲华、师昌绪一道在《光明日报》上发表了文章《实现四化必须发展工程科学技术》。10 年后的 1992 年，成立中国工程院的倡议又被提上日程，罗沛霖联合张光斗、王大珩、师昌绪、张维、侯祥麟向党中央、国务院报送了《关于早日建立中国工程与技术科学院的建议》，建议成立中国工程院，该建议得以采纳。

1994 年 6 月，中国工程院正式成立，这是罗沛霖晚年鼎力推动和具体筹划的一件大事，也成为他晚年最为欣慰的事情之一。

2011 年 4 月，98 岁的罗沛霖在弥留之际，口不能言，对准备书写他一生传记的刘九如，写下了"实"字。这正如罗沛霖的一生，他不求虚名，却对我国电子科技发展及电子工业建设做出了重要贡献！

张维（1913—2001），固体力学家、教育家。1955年当选为中国科学院学部委员（院士），1994年当选为中国工程院首批院士。曾任清华大学副校长、深圳大学校长。在壳体理论和应用领域取得首创性、系统性成果，全身心致力于发展我国工程教育和科技事业，为提高清华大学办学水平和声誉、创建深圳大学、筹建和发展我国的工程力学专业、培养工程技术人才、制定历次国家科技发展规划做出重大贡献。获国家教育委员会科学技术进步奖一等奖、三等奖等奖项。1956年加入中国共产党。

张维：
让灾难深重的祖国富强起来

张 蕾

"救国已成为那个时代青少年的共同愿望，科学救国、工业救国、教育救国的思想在我心中逐渐形成，希望到国外深造，求得更高深的学问，日后报效祖国的愿望日益加深。"

——摘自张维《留德八年的酸甜苦辣（1938.7—1945.9）》

从少年时代起，张维就耳闻目睹了帝国主义用坚船利炮对中国的侵略。然而，腐败的国民政府对外不能抵御外侮，对内不能强国富民。面对"国破民穷"的悲惨局面，那一代知识分子立志"科学救国"，想以西方先进的科学技术武装自己，为使灾难深重的祖国富强起来出一份力。

发生在初中阶段的一件事，对张维初步形成爱国思想具有重要的影响。"三·一八惨案"前，帝国主义列强的欺侮激起了师生们的极大愤慨。在校长和老师们的带领下，张维和同学们向天安门进发，参加群众性的反帝爱国运动。一路上，他们挥舞着旗帜，高喊"废除一切不平等条约"的口号。"亲自参加到这样雄壮庄严、富有战斗气氛的群众队伍中，听到愤怒斥责反动政府和帝国主义的正义声音，我们受到了极深刻的爱国主义教育，在幼小的心灵中打下了'国家兴亡，匹夫有责'的印记。"几十年后，张维如此回忆。

1944 年 10 月，张维以优异的成绩获得德国皇家柏林工业高等学院（柏林工业大学的前身）工学博士学位。为了掌握祖国工程建设所需的先进技术，他想办法与为我国小丰满水电站建造大型水轮机的瑞士埃舍尔-维斯机械厂取得联系，获准在该厂担任研究工程师。1946 年 5 月，得知可以回国后，张维取得厂方同意，中止了合同，不等银行存款解冻，他就带着仅有的一点积蓄，在中国驻法国大使馆的帮助下，携家人从法国马赛港搭船，踏上了归国之路。

回国一年后，张维受聘于清华大学。1948 年 12 月，清华大学先于北平解放，张维如饥似渴地学习、了解新思想、新事物。在清华大礼堂听报告的人群里，人们经常可以看到他在认真地记笔记，他以满腔的热情全身心投入开创新中国工程教育的事业中。

1951 年到 1991 年，张维先后承担了繁重的行政、教学与科研管理工作，还有多项社会兼职，经常超负荷忙碌，但他总是愉快地服从国家的安排，几十年如一日地奉献着自己的智慧和力量。

1949 年春夏之交，张维在北京师范大学附属中学的同班同学刘仁（新中国成立后曾任中共北京市委组织部部长、市委副书记）多次来访畅谈。谈到知识分子的最后归宿，刘仁认为应该参加中国共产党："革命胜利后，在建设时期也还要经受住各种各样的严峻考验，日子并不像我们所想象的那样平静，所以，解放后知识分子参加共产党、增强党的力量，是完全应该的。"于是，学习共产党员为革命献身的精神，以他们为榜样努力工作，成为张维那之后的工作准则。

1949 年 10 月 1 日，张维作为清华大学的校工会代表参加了开国大典的群众游行。当队伍经过天安门时，他跟着大家振臂高呼："中华人民共和国万岁！""中国共产党万岁！"看到新诞生的中华人民共和国光明的前途，他发自内心地拥护中国共产党。

1955 年，张维在北洋大学读预科时的老校长刘仙洲加入了中国共产党，时年 65 岁——这给张维的思想带来不小的震动。回国以来，他亲身感受到新旧中国在教育和科学事业发展上的鲜明对比，而周围的共产党员为新中国努力工作的形象、诚恳待人的作风，更让他感佩不已。经过认真考虑，张维提交了入党申请书，并于 1956 年加入了中国共产党。

虽然在我国学术界和清华大学拥有很高的地位，但张维从不以权威自居，而是将自己定位为一名普通的共产党员，始终遵循入党时的誓言。在他仙逝后，家人遵照遗言，没有立墓碑，而是将他的骨灰撒在圆明园的湖里——显然，他的思想和风范将永远在人们心中竖起一座丰碑。

王选（1937—2006），计算机专家。1991年当选为中国科学院院士，1994年当选为中国工程院首批院士。曾任北京大学计算机研究所所长。作为计算机汉字激光照排技术的发明人，主持研制的华光和方正电子出版系统引发我国出版印刷业废除铅字印刷、实现激光照排的技术革命，推动激光照排的大规模产业化应用，为我国新闻出版的计算机化奠定了基础。获 2001 年度国家最高科学技术奖。

王选：
他本身就是一面旗帜

张 蕾

"我会和九三学社的同人们一起，继续探索我国高科技企业的发展方向，探索科技体制改革的新路，为民主党派面向经济建设主战场，为科教兴国战略的实施做出切实的贡献。"

——摘自《中国工程院院士传记：王选传》

　　撷忆王选人生轨迹中追求进步、参与参政议政工作的片段，对于深入、全面了解这位掀起"汉字信息处理与印刷革命"的科学家求实创新的科研作风、献身科学的奉献精神和为而不恃的品德风范非常重要。

　　少年时的王选就读于上海市私立南洋模范中小学，当时发生在身边的学生爱国运动成为他接触进步思想的开端。1949 年 5 月 27 日，上海解放。王选目睹解放军进城的一幕："解放军就睡在地上，没有进老百姓的家里，站岗的解放军威风凛凛的。尽管当时我才 12 岁，还不太懂事，对共产党、解放军还没有更多的认识，但还是有一种高兴的心情和喜悦的感觉。"

　　在这样的环境下，王选很快就接受了进步思想。在分别加入中国共产党和中国新民主主义青年团（中国共产主义青年团的前身）的哥哥姐姐的影响下，1951 年，刚满 14 岁的王选成为班里的第一名团员——这是他在追求进步的人生路上迈出的坚实第一步。

　　进入北京大学数学力学系就读后不久，王选被选为团支部书记，后来又担任系分团委副书记。北京大学是新文化运动的中心和五四运动的发祥地，也是中国共产党最早的活动根据地之一。校园中涌动的爱国、进步、民主、科学的氛围和精神深深感染了王选，他在追求理想和进步的道路上自由地徜徉、求索。"大量的学生工作和社会活动占据了他很多精力，可王选乐此不疲，他把追求政治进步和学业有成放在同等重要的地位，认为这样才能对社会、对国家做出更多贡献。"《中国工程院院士传记：王选传》作者丛中笑说。

　　20 世纪 90 年代，王选的人生轨迹中又增添了一条璀璨的参与参政议政工作之路。1993 年，王选当选为第八届全国政协委员，人生翻开崭新的一页。在政协分组会上，王选围绕高新技术产业发展和吸引人才的问题进行阐述，他的观点得到许多委员的支持。1998 年 3 月，王选当选为第九届全国人大常委会委员、教育科学文化卫生委员会副主任委员。

在王选担任的众多职务中，九三学社中央副主席一职是他格外重视的。王选说："九三学社成员大多是科学技术领域中的中、高级知识分子，他们生活、工作中的实际问题，也将是我关注的焦点。我将利用一切机会，为他们呼吁，为他们创造条件，让他们发挥更大的作用。"

"他本身就是一面旗帜，能够产生很强的凝聚力……他的这种形象，他的这种吸引力，他的这种榜样力量，对九三学社来说，无论是过去还是将来，都会持续发挥作用。"在《像王选同志那样做人做事》一文中，全国政协原副主席、九三学社中央原主席、中国科协名誉主席韩启德院士这样写道。

金怡濂（1929—　），计算机专家。1994年当选为中国工程院首批院士。作为运控部分负责人之一，参与了我国第一台通用大型电子计算机的研制，此后长期致力于电子计算机体系结构、高速信号传输技术、计算机组装技术等方面的研究与实践，先后主持研制了多种当时居国内领先水平的大型计算机系统，做出很多关键性决策，解决了许多复杂的理论问题和技术难题，对我国计算机事业，尤其是并行计算机技术的发展贡献卓著。获2002年度国家最高科学技术奖。1959年加入中国共产党。

金怡濂：
以毕生精力服务国家

晋浩天

　　"我们要倍加珍惜这一机遇，紧紧抓住这一机遇，坚持与时俱进，不断创新，开拓进取，勇攀科技高峰，以毕生精力，为实施科教兴国战略，为创造人民的幸福生活和祖国的美好未来而努力奋斗。"

——金怡濂获 2002 年度国家最高科学技术奖后的感言

1946 年，美国宾夕法尼亚大学成功研制出世界上第一台电子计算机 ENIAC，标志着人类走出了迈向信息时代的第一步。20 世纪 50 年代，在我国制定的《1956—1967 年科学技术发展远景规划》中，电子计算机被列入重点发展学科。随后，我国选派了一支 20 人的实习队赴苏联学习计算机专业，刚从清华大学电机系毕业的金怡濂成为其中一员。

1958 年回国后，金怡濂进入中国科学院计算技术研究所，投身他后来一直为之奋斗的事业。那段岁月，金怡濂和同事们完成了大型晶体管通用计算机、大型集成电路计算机的研制，实现了我国计算机研制技术的重要突破。

但这些还远远不够。

"20 世纪 80 年代，国内急需高性能计算机，不得不花巨资从国外进口一台大型计算机。没想到，在进口机器的同时，还捎带进来两个监工。双方签订的协议上明确规定，开机、关机必须由外方监工负责操作，我方不得接触机器内部的核心部件……"金怡濂说，这件事让他感到一种切肤之痛，让他彻底明白了一个道理：真正的高科技，买不来。中国一定要加速发展巨型机，否则将永远受制于人！

要突破，必须要有胆识。此时的金怡镰大胆提出，我国巨型计算机的研制必须打破"土生土长"的模式，走国际化的技术路线，发展基于国际通用处理芯片的大规模并行计算机。沿着这一技术思路，我国巨型计算机研制技术进入与国际同步发展的时代。

1992 年，国家并行计算机工程技术研究中心成立，金怡濂任主任。同一时期，他受命主持研制国家重点工程——"神威"巨型计算机系统，担任总设计师。金怡濂提出的总体方案、技术构想及解决方案均大获成功，使我国高性能计算机的峰值运算速度从每秒10亿次直接提高到每秒3000亿次以上。随后，他继续担任新一代超级计算机系统的总设计师，提出以三维格栅网为基础的可扩展共享存储体系结构和信息传送机制相结合的总体方案，为系统关键技术指标进入国际领先行列奠定了基础。

"我深深感到，科技工作者只有把自己的事业和祖国的繁荣、民族的昌盛紧密联系起来，才能大有作为。"获得2002年度国家最高科学技术奖后，金怡濂感慨道。

行胜于言，清华大学的校风深深刻在金怡濂的血液中。他坚信"生命在于做事"，即便步入晚年，他依旧奔波在国产高性能计算机和处理器研制的第一线，为后辈的技术决策把关定向。

令人感动的是，他始终在为计算机领域的自主创新呼吁呐喊："尤其重要的是，应当强调自主创新，在此基础上加快国际合作。要牢记核心技术是花钱也买不来的。"这句话在今天依然振聋发聩。

王泽山（1935— ），含能材料专家，1999年当选为中国工程院院士。研究了发射药及其装药理论；发明了低温感技术，提高了发射效率，使发射药威力超过国外同类装备的水平；研究和解决了废弃火炸药再利用的有关理论和综合性处理技术，实现了资源化再利用，加强了安全防范，降低了公害，有明显的社会效益和经济效益；发明了一种高密度火药装药技术，并推广应用。获国家最高科学技术奖、何梁何利基金科学与技术进步奖、国家技术发明奖一等奖、国家科学技术进步奖一等奖等奖项。1961年加入中国共产党。

王泽山：
只在意能否以所学壮大国防

詹 嫒

"我们任何人都不希望有战争，愿世界充满和平，但中国的近代史告诉我们，落后就要挨打，没有自己强大的国防，就相当于没有自己的国门。"

——王泽山

1050 万元，捐赠！

2021 年 12 月，王泽山将所获得的国家最高科学技术奖奖金等共计 1050 万元，捐赠给南京理工大学，希望能"长期稳定地支持在科学研究领域取得突出成绩且具有明显创新潜力的青年人才"。

捐赠巨款的王泽山，生活却极为简朴——不用秘书、不要专车，不想为任何琐事浪费时间，甚至觉得"到理发店受人摆布也浪费时间"。在他的生活中，没有节假日的概念，没有固定的一日三餐。

对王泽山而言，其他种种，皆不重要。

只有一件事会让他"一旦离开，就会感觉失去了生活的重心"，那就是，以所从事的火炸药研究壮大国防，守好国门。

出生于 1935 年的王泽山，幼时住在吉林市远郊的桦皮厂镇。那时，日本占据了东北三省，还扶植了伪满洲国。

王泽山被迫接受"伪满教育"，他的父亲却冒着生命危险，悄悄而严肃地告诉王泽山："你是中国人，你的国家是中国。"父亲的话深深地镌刻在他幼小的心里，驱散了蛮横的入侵者所带来的困惑。从此，他暗下决心："绝不做亡国奴。"

1954 年，19 岁的王泽山高中毕业了，这时，抗美援朝的硝烟刚刚散尽。

"我们任何人都不希望有战争，愿世界充满和平，但中国的近代史告诉我们，落后就要挨打，没有自己强大的国防，就相当于没有自己的国门。"年轻的王泽山带着建设国防的理想，报考了哈尔滨军事工程学院。当时，海军、空军是热门专业，可王泽山却选择了最冷门的火炸药专业。这是一个研究领域狭窄、危险性高，被当时的人们视作"一辈子也出不了名"的专业，然而它同时也有着非常重要的作用，几乎在所有战略、战术武器系统中都不可或缺，在很大程度上决定了一个国家武器装备的水平。

王泽山成为同届中唯一自愿选择这个专业的学生。"大家都不去考虑这些比较边角的专业，但我想既然是设立的重要专业，国家需要的就都需要人去做。"从此，让中国的火炸药研究"世界领先""在军事领域实现有国际影响力的大成果"成了王泽山科研生涯的终极目标。

他凭借着在"废弃火炸药再利用""低温度感度发射装药与工艺技术""等模块装药和远程、低膛压发射装药技术"等方面的杰出贡献，三次获得国家科学技术奖的一等奖，其中两次是国家技术发明奖一等奖，一次是国家科学技术进步奖一等奖。

他推进我国火炸药整体技术实力进入世界前列，实现了中国火炸药事业的"复兴"。用中国工程院院士刘怡昕的话说，"王泽山的研究成果不是国内领先、国际先进，而是真正意义上的国际领先"。

2018年1月8日，他第四次登上了国家科学技术奖励大会的领奖台，这一次，迎接他的是国家最高科学技术奖的荣誉。

王泽山曾告诫年轻学子："做人做事都要有自己的道德底线，爱党、爱国、爱人民。"他心中的使命感，一如60多年前站在哈尔滨军事工程学院大门前时那般强烈与炽热。他说："我确实有这个精力，感觉必须要做，对咱们整个国防有贡献为什么不做？我接受这个任务就一定要把它搞好，这是国家给我的使命。"

钱七虎（1937— ），防护工程学家。1994年当选为中国工程院首批院士。军委科技委顾问、陆军工程大学教授。长期从事防护工程及地下工程的教学与科研工作，创建了我国防护工程学科，建成了国家重点学科、重点实验室和创新研究群体；在国内倡导并率先开展深部非线性岩石力学基础理论，以及深部防护工程抗核武器钻地爆炸毁伤效应的研究，填补了国内空白。获全国科学大会奖、国家科学技术进步奖一等奖、国家最高科学技术奖等奖项。1956年加入中国共产党。

钱七虎：
为国家铸就钢铁强盾

袁于飞

"作为一名科技工作者，只有始终不忘初心、心怀感恩，把个人理想与党和国家的需要、民族的前途命运紧密联系在一起，才能有所成就、彰显价值！"

——钱七虎获 2018 年度国家最高科学技术奖后的感言

钱七虎出生于 1937 年 10 月，在母亲逃难途中出生，因在家中排行老七，取名"七虎"。在抗日战争的枪炮声中，他度过了穷苦的童年时期。

新中国成立后，钱七虎依靠助学金完成中学学业，这在他心中深深埋下了矢志忠党报国的种子。

1954 年，钱七虎迎来人生中的第一个重大转折。作为上海中学的毕业生，钱七虎原本被选派到苏联读书。而就在这一年，我国急需军事人才，新成立不久的哈尔滨军事工程学院要在中学招收优秀毕业生。出国留学还是在国内读军校？钱七虎毅然选择了后者。他回忆道："我这个乡下的穷孩子，能受到良好的教育，离不开党的培养，唯有献身党的事业，方能报答党的恩情。"

1954 年 8 月，钱七虎高兴地迈进了哈尔滨军事工程学院的大门，成为该校组建后招收的第三期学生。在大学期间，他积极要求进步，1956 年 4 月加入中国共产党。1960 年，他毕业后留校任职。

1961 年，钱七虎赴苏联莫斯科古比雪夫军事工程学院留学，并于 1965 年学成回国。当年，新中国有不少归来报效祖国的科学大家，比如钱学森，回国之后的任务是带领团队造导弹、造原子弹。而钱七虎的任务，是跟钱学森等科学家"唱对手戏"——做防护工程。

20 世纪 70 年代初，戈壁深处传出一声巨响，荒漠升起一片蘑菇云……人们欢呼庆祝之时，一群身着防护服的科研人员，不顾自身的安危，迅速冲进了核爆中心勘察爆炸现场，钱七虎便是其中一员。

钱七虎带领团队几乎跑遍了全国各地著名高校、研究所和工厂，先后成功研制出我国首套爆炸压力模拟器、首台深部岩体加卸荷实验装置，提出了 10 多项关键技术方案，解决了困扰世界岩体力学界多年的多项技术难题。

"奋斗一甲子，铸盾六十年"，钱七虎院士为铸就我国坚不可摧的"地下钢铁长城"做出了杰出贡献，获得 2018 年度国家最高科学技术奖，这是共和国科技领域的最高荣誉。颁奖的那一刻，人民大会堂如潮的掌声，为这位 80 多岁高龄的老人响起。

但钱七虎却将所获的国家最高科学技术奖的 800 万元奖金全部捐献出来，重点资助品学兼优的贫困家庭孩子，让他们有学上、上好学。谈及捐献的初衷，钱七虎说："我就是在党和国家的资助下成长成才的，现在很多贫困学生，如果他们能像我一样完成学业，将会给国家做出更大贡献。"

"我深深感到，是真心爱党让我有了执着前行的激情和动力，是忠心信党让我有了坚定崇高的理想和追求，是铁心跟党走让我有了砥砺奋进的目标和方向。只有把个人的理想与党和国家的前途命运紧密联系在一起，才能有所成就、实现价值！"钱七虎说，"作为一名军队科技工作者，科技强军、为国铸盾，是我的毕生追求，也是我的事业所在、幸福所在。在我有生之年，我将始终做到'无须扬鞭自奋蹄'，继续在防护工程领域潜心研究，继续带好学生、培养人才、关心团队建设，为国家铸就钢铁强盾，为经济和社会建设做出新的更大贡献。"

2021 年 6 月 25 日，在喜迎建党百年华诞之际，中国科协党组决定组建学会党建工作指导委员会，白发苍苍的钱七虎被选为该委员会双主任之一，担起新的重任。他表示："我一定继续奋斗，发挥 60 多年党龄的老党员、老科技工作者的积极作用。广大科技工作者应该认真学习党史，从党的百年奋斗历程中汲取奋进力量，弘扬科学家精神，坚定不移听党话、跟党走。"

刘永坦（1936— ），雷达与信号处理技术专家。1991年当选为中国科学院学部委员（院士），1994年当选为中国工程院首批院士。哈尔滨工业大学教授。长期致力于新体制雷达系统与信号处理技术研究，成功研制了我国第一部对海探测的新体制雷达，实现了我国对海探测能力的跨越式发展，是我国对海探测新体制雷达理论体系奠基人。获国家科学技术进步奖一等奖2项、二等奖1项，获2018年度国家最高科学技术奖。获"全国优秀共产党员"和"时代楷模"等荣誉称号。1983年加入中国共产党。

刘永坦：
还得往前走！

陈海波

"如果别人做出来了，我们再跟着做，国防安全会受到影响。"

——刘永坦

1983 年，人到中年的刘永坦，像第一次远行的少年，满怀憧憬和激动。

这一年，他将中国人从未有过的一个大胆设想，变成了一份 20 多万字的报告——《新体制雷达的总体方案论证报告》，并获得航天工业部^①科技委一致通过。他憧憬，因为终于迈出了第一步。

这一年，他"怀着激动的心情"提交了入党申请书，并在申请书里写道："在党的领导下，为我们的事业奋斗终身！"他激动，因为这也只是第一步。

为了这第一步，他准备了很久。为了第二步、第三步……他还要准备更久。"永坦"，是他的名字，也是他的企盼。

"王师北定中原日，家祭无忘告乃翁""三十功名尘与土，八千里路云和月"……这是刘永坦儿时常常朗诵的古诗词。这些古诗词以及他颠沛流离的遭遇，构成了他对生活的这片土地最初的认知。

出生于战乱中的旧中国，刘永坦"从小对国家兴亡感受深刻"。记忆中满是飞机扔下的"茄子"（炸弹）、被血染红的江水……在新中国"红旗下长大、接受共产党教育"的他，急切地想报答这片土地。所以，发现祖国的海域处于无法有效监控的危险处境时，他心绪难宁。

1979 年，刘永坦到英国进修，接触到先进的雷达技术。"中国也必须要发展这样的雷达！这就是我要做的！"他内心翻涌。

踩在不同的土地上，走在不同的街道上，刘永坦对遥远的祖国有了更深的感情，"迫切地希望加入党组织，更好地完成强大我们的祖国的这个想法"。

两年后，在英国结束进修回到中国的刘永坦，选择了一条艰难的路——研

---

① 1988 年与航空工业部合并成立航空航天工业部，1993 年撤销，成立中国航天工业总公司及国家航天局。

制一种新体制的对海探测雷达。

当时，国内在新体制雷达领域是一片空白。放眼世界，有些国家开展了研制，但也还没有成功。

然而，刘永坦自信而笃定："如果理论上可行，我就一定要往前拱。"

刘永坦一步一步"往前拱"，步伐很慢、很费力。对于这个看起来"希望渺茫"的新体制雷达，身边很多人劝他放弃：有很多事可以做，为什么一定要做这个？刘永坦回答："如果别人做出来了，我们再跟着做，国防安全会受到影响。"

为了争取国家支持，刘永坦经常往北京跑。于是，有了前文提到的第一步。接下来，是第二步、第三步……他带领科研人员在荒无人烟的试验现场埋头苦干，终于在 1989 年建成了我国第一个对海探测新体制雷达站。

刘永坦实现了当初的宏愿。有人劝他停下来歇歇，他说："这个事情没完，还得往前走！"

他想要让雷达更加实用。于是，又是一步又一步"往前拱"。2011 年，刘永坦团队成功研制出具有全天时、全天候、远距离探测能力的对海探测新体制雷达，使我国对海远程预警技术水平步入国际前列。

这次，可以停下脚步了吗？不！刘永坦还想让对海探测新体制雷达更小型化，用途更广泛。没有最后一步，只有下一步——往前拱！

或者，换成那句誓言——"在党的领导下，为我们的事业奋斗终身！"

李东英（1920—2020），稀有金属冶金及材料专家，我国稀有金属工业创始人之一。1995年当选为中国工程院院士。主持研究成功30余种稀有金属的生产方法，保证"两弹一星"等军工和大规模集成电路等尖端技术所急需的新材料；主持钛应用推广工作，经济效益显著；长期从事我国稀土的开发和应用工作；率先提出并组织实施稀土微量元素用于农业生产实际的科学研究和应用推广，获得普遍增产、优质和抗逆效果。获1987年度和1989年度国家科学技术进步奖一等奖。主编大型丛书《有色金属进展》40卷。1950年加入中国共产党。

李东英：
国之所需，我之所向

崔兴毅

"我的命运和国家的命运联系在一起。"

——李东英

100 年可以改变什么？

对中国工程院院士李东英来说，他的 100 年，见证了新中国的诞生，伴随着新中国稀有金属工业的创建。

新中国成立初期，我国只能生产 8 种有色金属。多种有色金属领域空白的问题，严重制约着国民经济的发展和国防建设的进程。

1949 年 7 月，李东英开始了黄药的研究，经过夜以继日的攻关，只用了两周时间就研制出第一批液体黄药。为了解决黄药的运输与存储问题，他又研制出固体黄药的生产工艺和设备，基本生产工艺一直沿用至今。

"谁应用稀土谁占便宜，而不是卖稀土的占便宜。稀土有优良的性能，能带来很高的效益。"

李东英把个人选择与国家需要相结合，而这一结合就是一辈子。

李东英主张我国稀土资源的大量开发，必须立足于开拓量大面广的应用领域。于是，李东英产生了一个大胆的想法——他决心突破当时稀土元素仅被用于钢铁、石油化工和玻璃陶瓷等领域的局限。

"量最大的是什么，是粮食。所以，我们有目的地探索如何让稀土在粮食方面发挥作用。"

1972 年，李东英倡导开展稀土农用的科学研究，经过对比试验发现，施用稀土的作物增产显著，而且抗逆效果十分明显。李东英对作物的果实进行了高纯分析，验证了果实中没有稀土元素，由此，配套技术诞生了，还取得了基础理论研究成果。

"把稀土用在农业上是我国的首创。"李东英说。

稀土农用涉及多种学科，任务比想象中的困难，这需要统筹谋划，一个全国性的管理组织机构应运而生。20世纪70年代，全国稀土推广应用领导小组成立，紧接着又成立了稀土农用中心、国务院稀土领导小组。李东英对稀土农用的倡导，推动了我国稀土应用走上国家战略道路。

20世纪90年代初，我国稀土在种植业上的应用遍及30个省区市，平均年推广面积约5000万亩，年增加经济效益6亿元以上。

1988年，68岁的李东英领导组织并亲自参与了中国技术政策材料工业部分和有色金属工业技术政策的制定以及全国科技长远规划有色金属部分的前期研究，组织编纂大型丛书《有色金属进展》共13卷。在制定政策时，他亲自提出纲要和总体构思，查阅大量有关文献资料。在初稿出来后，他又一字一句审阅修改。

多年以来，李东英领导系统开发了我国稀有金属的技术路线，组织攻克了我国当时尚属空白的30多种稀有金属的生产工艺技术，开发出用于"两弹一星""909工程"等军工和大规模集成电路等尖端技术所急需的新材料。他还是攀枝花、包头、金川三县市资源综合利用方案制定的参与者和组织实施者之一。

2020年9月22日，李东英与世长辞，享年100岁。对于其一生为国炼"金"的重大贡献，他曾经用一句简单的"都是过去的事了"一带而过，在他心中，他的命运是和国家命运紧紧联系在一起的。

崔崑（1925—　），金属材料专家。1997年当选为中国工程院院士。华中科技大学教授。作为多个项目的负责人，研究开发了一系列高性能新型模具钢，"Cr4W2MoV 模具钢"获全国科学大会奖，"含铌基体钢"获1981 年度国家技术发明奖三等奖，"易切削精密模具钢 8Cr2S"获 1985 年度国家技术发明奖二等奖，"高韧性易切削塑料模具钢"获1991 年度国家技术发明奖四等奖，这四种钢均已列入新修订的国家标准《工模具钢》（ GB/T 1299—2014 ）。1956 年加入中国共产党。

崔崑：
中国一定要有自己的模具钢种！

张晓华

"共产党人就应当多做贡献，对我来讲就是能多做一些事情、多帮助一些人。"

——崔崑

"我的一生只有四个字，"他伸出两根手指，"第一是勤奋，第二是报国。"他就是被大家亲切称呼为"钢铁院士"的金属材料专家——崔崑。

1958 年，崔崑被公派前往苏联留学，专攻金属学及热处理专业，1960 年回国。当时，高性能新型模具钢是我国工业生产的急需品，但我们无力自主生产，每年需要动用大量外汇进口。

"中国一定要有自己的模具钢种！"凭着这股雄心壮志，崔崑带领同事们因陋就简地建起实验室，买不到设备，就带着大家自己动手做。为了控制温度，他坐在内部温度 1200 摄氏度以上的盐浴炉旁，手按控温开关，眼睛盯着仪表，一干就是几天几夜。

每当有新钢种出产，他便背着沉重的"铁砣砣"，风尘仆仆地赶往各单位试用。经过多年的摸爬滚打，他终于创造性地研发出一系列高性能新型模具钢，打破了国外的垄断。新型模具钢就是他最大的贡献吗？不，至少他不这么觉得。

"我觉得我的书比我搞几个新钢种出来的价值还大。"随着我国钢铁工业的迅速发展，国内科研人员急缺一本能全面反映特殊钢领域发展的图书，精通英文、俄文的崔崑"毫不客气"地担负起这一重任。

2006 年，81 岁的崔崑开始自学计算机知识，打字、绘图、制表、排版，每一项工作都亲力亲为，克服重重困难，《钢的成分、组织与性能》（上、下册）终于在 2013 年出版。全书 200 多万字，填补了国内特殊钢领域专著的空白。2019 年，已经 94 岁高龄的崔崑完成了该书的再版。

"我估计，100 岁以后会有第 3 版。"技术进步，标准提高，就要把旧的东西拿掉，换上最新的内容——这是崔崑对"与时俱进"的理解与追求。

"只有跟着共产党，我们的国家才能富强，入党是当代先进知识分子的自然归宿。"作为一名拥有 60 多年党龄的老党员，他有点儿"犟"。虽然年事已高、腿脚不便，他却从未缺席过一次党的相关会议；会议文件别人多是在网上看、用手机看，他始终坚持把文件打印出来仔细阅读；在陪伴了他多年的"小本本"上，他认认真真地记录下每一笔党费。

"国家不培养我，我就什么都没有。"听党话、跟党走就是他的人生信条。

在 2020 年突如其来的新冠肺炎疫情中，他第一时间响应中央号召，交纳了 100 万元特殊党费，助力打赢疫情阻击战。

为响应中央关于深化教育改革、鼓励社会捐资助学的号召，在杨绛先生和钱钟书先生捐资善举的启发下，从 2013 年起，崔崑和妻子朱慧楠教授累计捐资 1000 万元设立"勤奋励志助学金"，能够获得这项助学金的学生不仅要学习勤奋，更要品德好、有爱国之心。截至 2021 年，他们夫妇共资助贫困学生 1300 多人次。而他，一件衬衣穿了 30 年，他眼中的"新"夹克也是十几年前买的。

"只要有四个学生，将来能像我们一样去帮助别人，那我们就够本了。"崔崑对妻子如是说。

"国家培养了你，要学会感恩，这些话给我触动很大。"华中科技大学材料成形与模具技术国家重点实验室副主任柳林十分感念老师崔崑多年来的言传身教。

每当有学生计划出国深造，崔崑都会竭尽全力帮助和支持他们，他的报国情怀对学生们影响深远。"出国学习，看一看别人的先进水平，是有必要的。但一定要记得回来，报效祖国。"学生们总忘不了他的谆谆教诲。

崔崑院士培养了上百名基础理论坚实、业务能力突出的人才，其中大部分已成为高等院校、科研机构和企业的科研、教学骨干，扎根祖国大地，在材料领域不断传承、突破。

王淀佐(1934—)，矿物工程专家。1991年当选为中国科学院学部委员（院士），1994年当选为中国工程院首批院士。创立发展的浮选电化学理论成为现代浮选理论的基础；在矿物与材料加工药剂分子设计、矿物浮选电化学和硫化矿电位调控浮选技术、有色金属矿生物湿法冶金技术、铝土矿浮选脱硅技术、固体颗粒的相互作用和细粒技术，以及稀土矿物的加工、提取和精制等方面卓有成就，直接奠定了我国在该领域的国际领先地位。获国家科学技术进步奖一等奖等奖项。在2010年国际矿物加工大会上获终身成就奖，成为首位获该奖的中国科学家。1956年加入中国共产党。

王淀佐：
虽九死其犹未悔

金振娅

"一个人要想在科技事业上有所成就，在青年时期就要树立服务人民、报效祖国的远大理想，才能有所作为。"

——王淀佐

选矿，好比沙里淘金。为此，王淀佐奋斗了大半辈子。

1950 年，新中国百废待兴，国家建设迫切需要各方面的人才。那一年，王淀佐 16 岁。在东北大学政治学系学习了半年后，他被分配到东北工业部有色金属工业管理局，接受技术培训，成为一名技术员。

"新中国成立初期，大家工作热情无比强烈，总觉得有使不完的劲儿。"王淀佐回忆，"我那时的基础差，得多花时间，在学中干、在干中学，渴望学到更多的本领。"

对矿物加工有了深入的研究后，王淀佐心中升腾起一种强烈的爱国情怀，"现代矿物加工技术，能为国家的工业化和现代化提供有力的科技支撑"。

1956 年，党中央发出"向科学进军"的号召。王淀佐迎来了实现梦想的机会，他考入中南矿冶学院（中南工业大学的前身，后并入中南大学），第二次走进了大学校园。

也就是在那一年，他光荣地加入了中国共产党，为中华崛起而奋斗的信念，根植于心。

扎进知识海洋，没有片刻停歇，1961 年，王淀佐以优异的成绩毕业，立志要在选矿事业上大干一番。

彼时，我国矿产资源虽然丰富，但是贫矿多、细粒矿多，矿物共生组合、矿石结构和化学成分甚为复杂。我国的选矿工艺研究一直是一道世界级难题，而王淀佐立志攻克的，便是这道科学难题。

王淀佐着力最多的是对浮选药剂的研究，这是"泡沫浮选法"技术的关键。多年来，世界上许多专家都积极探索，试图找到用极少剂量就能让矿物漂浮并且可以调控不同矿物浮选行为的药剂，然而收效甚微。

　　"没有条件，创造条件也要上。虽经万难而不改初衷，靠的就是为国家做贡献的坚定信念。"在王淀佐心中，屈原的诗句"亦余心之所善兮，虽九死其犹未悔"，真切地表达了自己对冶金事业的执着和对祖国的热爱。

　　在长达30多年的时间里，王淀佐几乎每晚都"鏖战"到凌晨。艰辛的努力，换来了一系列令世人瞩目的科研成果：系统总结出浮选剂结构与性能的关系，提出了浮选剂分子设计理论；提出了"粗粒效应"，丰富了细粒选矿理论，发展了"分支载体浮选"及"开孔挡板搅拌器"等技术……

　　这些成就，直接奠定了我国在相关领域的国际领先地位。他带领团队建成了全球首条浮选拜耳法氧化铝生产线，实现了低品位铝土矿的高效利用，使我国铝土矿资源保障年限从不足10年延长到50年以上，并因此获得2007年度国家科学技术进步奖一等奖。

　　不止于此，王淀佐先后担任中南工业大学校长、北京有色金属研究院院长、中国工程院副院长，在机制转换、领域整合、国家重大项目咨询、院士队伍建设和人才培养等方面，同样做出了突出贡献，成就斐然。

　　近年来，他虽在病榻之上，但仍时刻关注着我国选矿、冶金和材料事业的战略发展。他常说："我从事的专业是个小学科，但我愿意继续努力，发挥余热，为国效力。只要我一息尚存，就不能停止工作，否则就对不起党和人民对我的培养。"

魏复盛（1938— ），环境保护专家。1997年当选为中国工程院院士。长期致力于我国环境监测事业。前瞻性地确立了推动环境保护监测标准化的工作方向，主编的一系列监测分析方法指南广泛应用于全国环境监测系统，成为各级环境监测单位开展监测分析必备的工具书；创造性地提出按照水和废水、空气和废气、工业固体废物、土壤等环境要素构建监测分析方法的技术体系，奠定了我国环境监测技术体系的雏形；关注环境污染与健康的研究，取得了一系列重要成果。获国家科学技术进步奖二等奖和省部级科学技术进步奖二等奖等奖项。1961年加入中国共产党。

魏复盛：
干一些平凡的实事

陈慧娟

"党的教育要我实事求是做人、做事、做科研。"

——魏复盛

80 多岁的魏复盛每天仍然保持着走五六千步的运动量。

作为中国环境监测总站总顾问，他每周去站里工作，日常参与线上的学术会议，最规律的就是每日散步。

他喜欢这项心平气和的运动。也正是这样，他抱定初心、不疾不徐地走过了跌宕起伏的大时代。

出生于战乱时代，少时家贫，魏复盛靠着矢志读书报国的信念打动了私塾先生，才有了免费的书读。

魏复盛参加高考时突发高烧，与核物理系失之交臂，因化学成绩出色，被中国科学技术大学化学系稀有元素专业录取。1961 年，尚在读书的魏复盛光荣地成为一名共产党员。

在一次到铜陵冶炼厂的调研中，魏复盛第一次关注到工人的健康问题。"工人们在这里工作后，血小板会降低，身上会出红血点。"虽然当时还搞不清楚具体原因，但环境污染开始令他警觉。

1971 年，北京官厅水库污染事件引起各方重视，并由此引发了全国性污染调查。彼时，魏复盛在中国科学院化学研究所进修，密切关注着调查工作，同时也了解到美国洛杉矶光化学烟雾、日本水俣病、日本富山骨痛病等环境公害事件。他深刻感受到，生态环境保护是国家发展的重要方向，"今后一定要做环保"。

此后的两年，联合国第一次人类环境会议、我国第一次全国环境保护会议相继召开，全人类对环境问题越来越重视。

而魏复盛真正开始专职从事环保工作时，已是 20 世纪 80 年代。在我国经济快速增长时，魏复盛冷静坚定地观察着背后可能产生的问题。

他是我国最早一批研究 PM2.5 对儿童肺功能影响的人。他非常重视全球性环境问题。1992 年，在研究经费紧张的条件下，他受命与国外机构合作，两年间对四城八校的空气颗粒物 PM2.5、PM10 等进行监测，最终证实了细颗粒物空气污染对人体健康的危害。

如今，我国已成为世界上第一个大规模开展 PM2.5 治理的发展中国家，生态文明建设取得显著成效。但曾经，环保工作的推进无异于一场"马拉松"。魏复盛说，事情不怕慢。于是一次次提交课题报告，哪怕一次次被说"太超前了"；不论是地方政府有顾虑，还是缺少经费支持，他都迎着困难，一点点去"磨"，最终没有一个课题因为外部支持不足而搁浅。

后来，我国急需制定 PM2.5 标准范围时，仍然参考着魏复盛当年一个个"小项目"的监测成果。全国工业污染源调查、粮食有机农药残留调查、土壤环境背景值调查……多年来，他和他的研究成果经受住了时间的考验。

更重要的是，他引领构建了在全国范围内对水质、空气、固体废物、土壤统一而实用的监测方法体系与技术规范，为我国各项环境决策提供了重要的科学支撑。

从"小魏"到"老魏"，又成了"魏老"，1997 年，魏复盛当选为中国工程院院士，此后被授予了"环境监测终身成就奖"等众多奖项。他的名字越来越多地与"第一次""填补空白"等联系在一起，但对自己尚未出版的回忆录，魏复盛却取了一个朴实无华的名字——《实干环保》。他觉得，"这些平凡的实事"是几十年坚持，和大家团结在一起，踏实干出来的。

金国藩（1929—），光学仪器与光学信息处理专家。1994年当选为中国工程院首批院士。长期从事光学仪器及应用光学技术研究。主持研制了我国第一台三坐标光栅测量机；领导可擦除盘机、激光陀螺仪等研究工作，创造了一种可写可擦光学头，独创性地将激光陀螺仪用于测量弱磁场；率先在国内研究计算全息、光计算及二元光学；有创见地提出了用脉冲调制理论解释计算全息及空间域滤波的新概念；开创性地将计算全息用于制作凹面光栅及光学合成孔径雷达信号处理等；成功研制的二元光学激光分束器具有国际水平。现从事光学体全息存储与衍射光学研究。获全国科学大会奖、国家科学技术进步奖三等奖等奖项。1956年加入中国共产党。

金国藩：
科研工作不能停留在发文章上面

崔兴毅

"我搞光学是逼着上，憋着气干，干中学，靠集体发展提高。"

——金国藩

"革命战士一块砖，哪里需要哪里搬"，这是金国藩形容自己前十几年的工作时常说的一句话。

金国藩自幼就对机械非常感兴趣，经常将自行车拆了又装、装了又拆，还自行装制矿石收音机、收发报系统。1950年从北京大学机械系毕业后，成绩优异的金国藩留校任教。1952年随着全国院系调整，金国藩来到清华大学机械制造系工作。

1956年正处于"向科学进军"的时代，金国藩在党的教育下志愿投身党的事业，于1956年12月加入了中国共产党。1965年，金国藩从陀螺仪器教研组调往光学仪器教研组，担任"劈锥测量机"研制任务的课题负责人。这次调动，让他从此与光学结缘，在这个领域里孜孜不倦地探索了50多年。

每次科研方向的转变，都给金国藩带来了巨大的压力。至今想起来，他仍感叹："压力大极了。"但他并不畏惧，而是团结组里的其他教师们一起迎难而上。在我国第一台三坐标光栅测量机的研制过程中，对光学一窍不通的金国藩从零学起，带领青年教师们查阅资料，向工人和技术人员请教，自己动手改造和研制试验设备，到工厂亲自加工……1969年国庆前夕，他们终于突破了国外的技术封锁，成功实现试制。这台测量机的精度和自动化程度都达到了当时的国际先进水平，研制成本也远远低于从国外购买一台测量机的价格，这项成果于1978年获全国科学大会奖。

国家863计划启动后，在信息领域设置了"光计算"项目。由于金国藩是第一个到国外学习这方面技术的人，因此他领衔承担了这一项目。在做该项目的过程中，他意识到需要发挥光处理的并行优势。这时，他发现一种"二元光学元件"很有用，深入学习后，他发现二元光学完全建立在衍射光学的基础上，并可用微电子加工工艺来制作微光学元件。这是一个新领域，金国藩开始领导科研小组对二元光学进行研究，研制出光束分束器——达曼光栅，制作了 5×5 寸、25×25 寸的分束器，微光学透镜阵列，光束整形器，滤波器等元件，获得国家科学技术进步奖三等奖，还编写了全国第一本相关专著——《二元光学》。

"金先生常常教育我们'要有所为，有所不为'，但如果'有所为，就要为人先'。他把研究目标定位在世界先进水平，要'敢为人先'。"曾接替金国藩担任清华大学光电工程研究所所长（教研室主任）的李达成回忆道，"他凭借敏锐的学术洞察力，扶持新思想、新动态的发展，有些在刚出现时显得很弱的新芽，现在已发展成为学科的重要研究方向。"

如今，耄耋之年的金国藩仍活跃在科学前沿，他最关心的莫过于带动和帮助年轻人成长。他一方面积极拓展研究方向，多方寻求合作，建成数个实验平台，为年轻教师的成长创造了很好的条件；一方面给年轻人压担子、委以重任，给他们以充足的展示平台和空间。

"趁现在还跑得动，我还想多做几件事，为系里多争取几个项目，为年轻人多创造些条件。"这是金国藩的期望。

李恒德（1921—2019），核材料、材料科学专家。1994 年当选为中国工程院首批院士。曾任国家自然科学基金委工程与材料科学部主任、中国材料研究学会理事长、国际材料研究学会联盟主席。我国核材料、金属离子束材料改性技术、生物仿生材料的先驱者之一。在国际上最早阐明铍的滑移、孪生和断裂机制；在国内首次利用溶胶沉淀法研制出二氧化铀燃料微球，利用带电粒子束研究材料的辐射损伤效应；深入研究堆用锆合金包壳管中氢化物取向分布和轧制工艺及织构的关系。多次获得国家级和省部级奖励。发表学术论文 200 篇，出版专著 2 本。1942 年加入中国共产党。

李恒德：
我就是喜欢中国！

张晓华

"我觉得，作为一个中国人，就一定要爱中国，把自己的青春贡献给中国，如果没有对中国的土地、文化、历史、人民的那种朴素的情感，就谈不上爱国。"

——李恒德

新中国核材料科学的开拓者，金属离子束表面改性研究的先驱者，中国生物仿生材料的推行者……诸多头衔汇聚之处，就是"以出世的精神，做入世的事业"的中国工程院院士李恒德。不过，他更喜欢"李先生"这个儒雅的称呼。

"去美国之前，我就打定主意要回国。"1946年4月，年少时饱受求学与求生存之苦的李恒德登上前往美国的"凤凰号"运输舰，开始了他的留学生涯，也开启了一段淬炼党性的征程。

"我加倍努力学习，希望通过比别人付出更多的努力来弥补和更新我在国内大学学到的知识。"努力有了回报，李恒德在国际上最早阐明铍的脆性机制和本质，使铍日后成为航空航天、电子、原子能等领域无可替代的战略金属材料。彼时，他正在攻读博士学位。

"美国方面已经注意上我了。"1950年冬，正在李恒德计划完成学业便回国时，美国移民局找上了他，8小时的疲劳审讯没能发现他"违法"的线索。接下来就是"踢出"课题组、停发薪金、没收护照、威逼利诱、发布禁令、入户搜查……"我以为这是逮捕我的前奏，但是并没有。"

这是他在美国最孤独、最难忍受、最痛苦的一段日子，没有人敢理他，他被彻底孤立了。

要完成学业！要维持生计！更要争取回国！

"即使关进监牢，我也必须同美国斗一斗！"作为留美中国科学工作者协会的创立者之一，他和十几个朋友着手建立组织和队伍进行抗争，通过各种渠道寻求新中国的支持和帮助，向美国总统、国会议员、一些群众团体和各大报社发送公开信，争取美国进步力量的同情和声援，"为了安全，我们没有通过邮政系统，而是自己投送"。

"我们胜利了！"经过各方力量的共同努力，自1954年盛夏开始，美国陆续取消了对中国留学生回国的限制。

李恒德回忆："当我到达北京时，正好是1955年的元旦。这个日子好记得很，太美妙了！"

甫一归国，他就被分配到清华大学工作。鉴于他在金属铍领域的研究成就，他受组织委托筹办清华大学工程物理系核材料专业。

"一个刚从美国回来的人，工作经历并不多，创造性的成果也不多，而且才30多岁……这是国家和人民对我的信任，我只能尽力不辜负组织对我的重托，把这个专业办起来。"

尔后，数十载宵衣旰食，李恒德培养了近千名核材料人才，有力地支撑了我国的国防与核事业。

知天命之年，他在国内最早研制出二氧化铀燃料微球，提出并主持我国锆合金管材的氢化物取向分布研究；耳顺之年，他进入金属离子束表面改性的新研究领域；古稀之年，他又瞄准了天然生物矿物和仿生材料研究。

"学材料的人，应该知识面很广。这个'广'不仅是知道，而且是要'懂'，更重要的是要去思考和联系，正确地向深处去理解。"他的言传身教对材料专业的学生们影响很大。

从物理到化学再到生物，李恒德跟随科技的进步不断开拓创新，培养了大批优秀人才，推动了多个领域的发展。但他始终将取得的成绩归功于党和国家的信任，以及团队的共同努力，把自己当作一个引导者、组织者、教育者。

所谓"心怀国之大者"，对于李先生，就在于："我流的是中国人的血液，我就是喜欢中国！"

何继善（1934— ），应用地球物理学家。1994年当选为中国工程院首批院士。从事科研教学60余年，长期致力于地球物理理论、方法与观测仪器系统的研究。创立并发展了以"双频激电法""伪随机信号电法""广域电磁法"和"拟合流场法"为核心的地电场理论和仪器，在国内外得到广泛成功应用，研究成果使我国在频率域电法领域独树一帜，远居世界领先地位；长期重视管理科学与工程学科的发展，参与推动成立中国工程院工程管理学部。获全国科学大会奖，获国家技术发明奖2项、国家科学技术进步奖2项和省部级奖励18项。1981年加入中国共产党。

何继善：
将个人的命运同国家、民族的命运相融合

崔兴毅

"小时候，我们渺小，别人强大，祖国饱受欺凌，科学界也总有人幻想全盘照抄、照搬西方的那一套……中国科学家就应该挺直胸膛，撑起中国的脊梁、民族的富强。"

——何继善

1978 年，湖南代表团从全国科学大会捧回来了一张无人认领的全国科学大会奖奖状。经查证，这张奖状属于当时名不见经传、靠着手摇计算机摇出成果来的何继善。

潜心钻研近 20 年的成果不仅令何继善"一战成名"，更给他带来了一项特殊的荣誉——3 年后的 1981 年，47 岁的何继善终于如愿以偿地加入了中国共产党。这一刻何继善期待已久，他早已将自己的奋斗与党和国家事业的发展紧紧联系在一起。

国家在铁蹄下受辱，人民在战火里逃生。家国破碎贯穿了何继善的童年与少年时光。直至新中国成立，何继善才有幸获得矿砂检验的工作，与勘测探矿结下缘分。

1956 年，党中央发出"向科学进军"的号召，何继善再次受益，他以同等学力考进东北地质学院（长春科技大学的前身，现并入吉林大学），正式迈入了科研殿堂。

从地球物理学初兴的 20 世纪 50 年代，到在全国科学大会上获奖，寂寂无闻的 20 多年里，强国之愿与报国之志陪伴何继善走过祖国的平原、深山、沙漠和盐碱地，在艰苦卓绝的野外作业的基础上，结出了科研的果实。

1986 年 3 月，刚晋升为教授的何继善携"双频激电法"在国际上首次亮相，立即引起了世界地球物理界的轰动。被称为"变频法之父"的地球物理学家维特教授对何继善说："我们落后了，中国在这方面已超过了我们。"

"他是急国家之所急，为什么他老是在发明？他觉得跟在别人后面跑是没有出路的，一定要有自己的品牌，有自己的东西。"何继善的科研团队最懂他在自主研制上的坚守。科研是一场长跑，一时领先不意味着一直领先，更何况决胜的终点是民族与国家真正实现伟大复兴。

何继善的强国之志里，裹着的是一颗济世安民之心。1998 年，当选为中国工程院首批院士不久的何继善，看着洪水肆虐的祖国大地，决心要消除水患。在一年的不断钻研下，何继善于 1999 年提出了"流场法"，实现了堤坝管涌渗漏入水口的高分辨率快速检测。此后 10 多年，何继善先后奔赴全国 10 多个省，测定了 110 多处江堤管涌和 20 多处水库大坝渗漏点，准确率达到百分之百，排除了多个重大险情，间接挽救了众多人民群众的生命和财产安全。

何继善对页岩气的关注也开始于这一时期。他发现，中国的页岩气储量十分可观，但页岩气大多深藏在崇山峻岭中，对探测和开采提出了很大挑战。而我国当前正处于新的发展阶段，需要大量清洁能源。在何继善的眼里，能源自主对于国家安全至关重要。于是，他提出了"广域电磁法"，可以精准地勘探资源。2018 年，耄耋高龄的何继善凭此再一次获得了国家技术发明奖一等奖。

在攀登科研事业高峰的过程中，何继善选择在他最热爱的土地上，践行党员的责任和义务，勘探祖国的山山水水，测绘民族的振兴富强，为祖国的科技发展不断奉献。

"最好的人生规划就是将个人的命运同国家、民族的命运相融合。"这是何继善的话，也是他人生的真实写照。

邬贺铨（1943— ），通信专家。1999年当选为中国工程院院士。电信科学技术研究院有限公司顾问、中国互联网协会理事长，曾任中国工程院副院长。长期从事数字通信系统和光通信系统研究开发工作，作为中国下一代互联网示范工程专家委员会主任，组织了IPv6项目研究试验；担任新一代宽带无线移动通信网国家科技重大专项总师，组织了3G、4G、5G项目的研究开发；近年来负责组织重大工程科技咨询项目研究。获全国科学大会奖、国家科学技术进步奖二等奖、何梁何利基金科学与技术进步奖等奖项。1983年加入中国共产党。

邬贺铨：
让中国通信技术领跑世界

袁于飞

"技术没有一劳永逸，永远领先的关键在于能不能持续创新。"

——邬贺铨

3G 跟跑，4G 并跑，5G 局部领跑，中国当前已经成为世界上移动通信技术领先的国家之一，邬贺铨为此做出了重要贡献。

2003 年以来，他作为中国下一代互联网示范工程专家委员会主任，担任新一代宽带无线移动通信网国家科技重大专项总师，组织 3G、4G、5G 项目（简称 "03 专项"）的研究开发。

"03 专项" 实施方案的目标，是让中国在 2020 年前，在无线技术和产业方面，实现芯片与专利两个方面的突破，拓展国内外两个市场；支撑产业链、创新链和网络应用，在无线移动通信的国际标准制定方面，成为全球重要主导力量之一。邬贺铨介绍，要 "争取在无线移动通信服务与应用方面，位居世界领先水平，引领我国现代服务业的发展"。

这些目标都很难实现，甚至在当时看起来不太可能实现。但是在邬贺铨和其他专家的努力下，"03 专项" 经过 15 年的研究开发，全面并超额完成专项立项之初提出的目标，我国实现了从 3G 跟跑到 4G 并跑再到 5G 局部领跑，更重要的是形成了较为完整的移动通信产业链。

作为一名有着近 40 年党龄的老党员，邬贺铨做什么事都不含糊。多年来，他曾先后担任工业和信息化部通信科技委主任、中国通信标准化协会理事长、中国互联网协会理事长等职务。他牵头 "战略性新兴产业培育与发展战略研究" 等多项重大咨询项目，支撑了国家相应规划的制定。

从 2014 年起，邬贺铨担任京津冀协同发展专家咨询委员会副组长，不仅高质量完成了京津冀协同发展领导小组交给的任务，还在专家咨询委员会提交的相关咨询研究报告和咨询建议中发挥了重要的作用。

邬贺铨非常赞赏袁隆平等老一辈科学家的精神。2021 年 5 月，袁隆平逝世，他深情地表示："袁老先生是将论文写在祖国大地上的一代宗师，是践行科技强国惠民的楷模，他的精神永存，永远激励我国广大科技工作者继续科技报国的光辉事业！"

邬贺铨不仅是这么说的，也是这么做的。作为中国下一代互联网示范工程专家委员会主任，他和专家组指导运营商、设备供应商、研发单位、高校等开展产学研用合作，开发 IPv6 技术与产品，组织试验网建设和开展应用试验，建成了主要由国产设备支持的全球最大的纯 IPv6 网络和 IPv4/IPv6 试验网。

现在，我国通信网络已具有全面支持 IPv6 的能力，国内主要云服务商和 CDN① 企业基本实现对 IPv6 的支持，主要的政府网站和排名前 100 的商业网站支持 IPv6 的访问，IPv6 活跃用户数占网民总数的比例超过 45%，基本达到"03 专项"对 2020 年阶段目标的要求。

当前，我国 5G 事业蓬勃发展，我国已建设全球规模最大的 5G 独立组网网络。邬贺铨正在继续深入研究 5G 并提出了未来的发展方向。

"5G 的增强移动宽带、广覆盖大连接、低时延高可靠性等特质，适于在工业互联网应用。"邬贺铨说，5G 将促成新一代信息技术无缝融合，我国需要从 5G 企业网入手，从标准起步、从底层出发，向深度发展、向体系化推进，开创工业互联网发展新格局，抓住新一轮工业革命带来的历史机遇，让中国通信行业领跑世界！

---

① 即 Content Delivery Network，内容分发网络。

陈清泉（1937— ），电机、电力驱动、电动汽车和智慧能源系统专家。1997 年当选为中国工程院院士。英国皇家工程院院士，乌克兰工程科学院院士，匈牙利工程院荣誉院士，我国香港工程科学院院士及高级顾问，世界电动汽车协会创办人及轮值主席。提出电动汽车研究核心和总体指导思想，将汽车技术、电机技术、电力驱动技术、电力电子技术和现代控制理论有机地结合起来，使这一新兴交叉学科形成了完整的体系。提出能源与信息的联系，开发能源计算机、能源银行等智慧能源系统，以碳平衡原理优化多能源系统。撰写《现代电动汽车技术》等 17 本专著和 450 多篇论文，获 10 项专利。

陈清泉：
分秒必争，用科技造福中国

金振娅

"这是一个具有里程碑意义的重要批示，充分体现了习近平主席和国家对香港科技工作者的亲切关怀，不仅解决了影响香港和内地科技交流合作的许多问题，更重要的是鼓舞了香港科技界和香港同胞，丰富了'一国两制'的内涵。"

——摘自 2018 年陈清泉等 24 位院士收到习近平主席回信后的感言

1997 年 7 月 1 日，香港回归祖国。这一天，陈清泉盼望已久！

那一年，由于在现代电动汽车技术领域的卓越成就，时任香港大学电机电子工程系系主任和讲座教授的陈清泉，当选为香港首位中国工程院院士。

陈清泉的学术研究始终追寻着国家发展的需要。这一切源于他早年的经历，他对祖国的繁荣和富强热盼不已。

1937 年，陈清泉出生在印度尼西亚的一个华侨家庭，祖籍福建漳州。从他记事起，印度尼西亚先后遭受荷兰和日本的殖民统治，许多华侨的日子都不好过。当时他就强烈意识到，没有强大的祖国做后盾，华侨的生命和权益是得不到保障的。

1949 年 10 月 1 日，中华人民共和国成立。彼时，陈清泉刚上初一，班主任是一位进步人士，在他的教导下，同学们都非常热爱祖国。即便后来通过了剑桥大学的入学考试，16 岁的陈清泉还是执意要回到祖国。

陈清泉回忆，自 1953 年回国后，他在科研道路上不断得到党和国家的关怀，获得了很多帮助和奖励，见证了国家几十年来科技发展的伟大历程。

2016 年，在"科技三会"上，习近平主席指出，我国科技事业发展的目标是，到 2020 年时使我国进入创新型国家行列，到 2030 年时使我国进入创新型国家前列，到新中国成立 100 年时使我国成为世界科技强国。这让参会的陈清泉激动不已，更增强了他为建设世界科技强国而奋斗的动力。

2017 年 6 月，陈清泉牵头，与其他 23 位在港中国科学院院士、中国工程院院士一起，给习近平主席写了一封信，表达了香港科技工作者报效祖国的迫切愿望和发展创新科技的巨大热情，同时也期待国家能够帮助解决一些影响科研发展的问题。

　　"我没有想到，习近平主席这么快就做出了重要批示，勉励香港科技工作者融入国家建设，并责成中央有关部门予以落实国家科研经费过境香港使用等问题。"陈清泉十分感慨，掣肘两地科研交流的壁垒终被破除，粤港澳大湾区的科技创新迈上了一个新的台阶。

　　时不我待！陈清泉凭借自己在国际科技界的影响力，推动中国登上了世界电动汽车及其相关领域的舞台。他先后担任内地29所大学的名誉校长、名誉院长或名誉教授，创立院士科创中心，积极推动两地的科研交流和国际科技合作，培养了一大批人才。

　　在陈清泉的心中，"我们生活在一个历史上难得的时代，要分秒必争，从富到强，不但要用科技造福中国，还要造福全世界"。

郝吉明（1946— ），大气污染防治专家。2005 年当选为中国工程院院士。清华大学教授、博士生导师，环境科学与工程研究院院长，联合国环境规划署亚太区域大气污染防治科学理事会主席。在酸雨控制规划方面取得的成果，对确定我国酸雨防治对策起了主导作用；建立了城市机动车污染控制规划方法，发展了特大城市空气质量改善的理论与技术方法，推动我国区域性大气复合污染的联防联控。获国家科学技术进步奖一等奖、二等奖，国家技术发明奖二等奖，国家自然科学奖二等奖，国家级教学成果奖一等奖等奖项。1966 年加入中国共产党。

郝吉明：
满足百姓对蓝天的渴望

金振娅

"无论是学生还是学者，你研究的课题都要与国家和社会的需要结合起来，为国家发展做出贡献，否则将毫无意义。"

——郝吉明

美丽的清华园，一间满是书香的办公室内，"宁静致远"四个大字，悬挂在宽大书桌后的墙上。

办公室的主人郝吉明，是我国改革开放后第一批公派留学生，也是改革开放后清华大学第一位从美国回校任教的博士。

"那时，我们是中国对外发放的'名片'，但这些'名片'看上去并不那么起眼。"提起那段经历，郝吉明感念授业恩师李国鼎教授派他到美国辛辛那提大学土木与环境工程系深造。

当时，很多留学生存在着年龄偏大、语言障碍严重、基础知识薄弱等问题。但是，废寝忘食的钻研可以弥补诸多不足。最终，郝吉明成为班里第一批通过考试的学生。随后，郝吉明仅用一年半的时间便顺利通过博士生资格考试，学分绩点之高在该系至今未有人突破。

担任郝吉明教学导师的国际大气颗粒物污染控制专家利奇教授，带着赞赏的眼光告诉他："中国留学生的形象正在渐渐改变。"

在今天看来，郝吉明选择了一个具有广阔发展空间的领域作为自己的专业方向，并已经为之奋斗了40余年。

但他深知，当初选择这个领域面临着巨大的挑战，"大气污染控制如何结合现有国情，环境治理如何与社会经济发展相协调，这特别重要"。

压力和挑战，都不在郝吉明的考虑范围内，唯一指引他前行的就是国家发展的需要。

拥有50多年党龄的郝吉明，回忆起刚上大学就递交入党申请书的情景，"班主任特别认真热心，他告诉我，你要想着如何为全人类、为党的事业而奋斗，而不是仅仅为了报恩而努力。"郝吉明的思想就在那时发生了变化。1966

年上半年，他顺利地被发展为中共预备党员。

20世纪80年代，我国曾是世界三大重酸雨区之一，酸雨和二氧化硫污染给我国造成了巨大的经济损失。

力量源于责任，郝吉明1985年起带领团队，先后对我国西南、华南和东部地区的酸雨开展控制研究，创新性地提出了国际领先的硫-氮-盐基三维临界负荷理论，该理论成为确定我国二氧化硫和氮氧化物排放控制目标的关键科学依据；他主持编制的《燃煤二氧化硫排放污染防治技术政策》，为175个地市和全国主要大气污染物减排规划提供了技术方法……

在作为首席科学家完成的《新时期国家环境保护研究》中，郝吉明提出了我国中长期大气污染防治的目标和技术路线图，为我国《环境空气质量标准》（GB 3095—2012）的修订、《大气污染防治行动计划》和《打赢蓝天保卫战三年行动计划》的制订提供了核心技术依据，推动了我国大气污染治理从总量控制到质量控制的历史性转变。

在北京奥运会、上海世博会、广州亚运会、北京APEC峰会、杭州G20峰会等多次重大活动的空气质量管理保障中，郝吉明作为领衔专家，带领团队发挥了对核心技术的科技支撑作用。

郝吉明不仅始终站在学术研究的前沿，也始终站在教书育人的一线讲台上。"郝老师"是他最喜欢的称谓，他先后为本科生和研究生开设了6门课程，主讲的"大气污染控制工程"被评为国家级精品课程。

"我希望我的学生要有爱国之心、报国之志和建国之能。"在郝吉明看来，环境保护关系国家的长远发展和最广大人民的利益，他和他的学生们都责无旁贷！

傅恒志（1929— ），材料及冶金专家。1995 年当选为中国工程院院士。西北工业大学、哈尔滨工业大学教授。长期从事凝固理论与技术及高温合金的研究教学工作。在国际上率先提出液固界面非平衡溶质再分配的概念及相关函数关系；在亚快速定向凝固及组织超细化、高温合金和稀土永磁合金的凝固组织与性能方面进行了开创性研究，领导研制的定向装置的温度梯度超出当时国际最高水平三倍之多，获得性能提高数倍的超细胞/枝晶定向凝固组织。多次获得国家级奖励，如"超高温度梯度定向凝固方法与装置"获 1993 年度国家科学技术进步奖二等奖。1956 年加入中国共产党。

傅恒志：
熔铸赤子心

崔兴毅

"对知识分子来说，既要业务上精益求精，又要有'先天下之忧而忧，后天下之乐而乐'的情操；既应该是业务上的专家，又应该做无产阶级的革命战士。"

——傅恒志

1946 年，17 岁的傅恒志考入私立焦作工学院，后又转入国立西北工学院。这里仿佛为他开启了一个新世界——他接触到革命理论书籍，悄悄翻印了《新民主主义论》，秘密组织"马克思列宁活动小组"，并积极参加了反对国民党政府的斗争。在这里，傅恒志投身地下团组织，新中国成立后，他成为班里首任团支部书记。

"我们那个时候学习非常刻苦。"当年读书时的场景，傅恒志历历在目。对他来说，想要知识救国并不容易，必须要有足够的心力和智慧。1952 年，傅恒志被派到哈尔滨工业大学学习，由此踏上铸造专业之路。

20 世纪五六十年代，以高含量的铝、钛作为主要强化元素的镍基高温合金性能十分优良，主要用于尖端技术领域，但有个问题，就是必须在真空状态下熔化和浇铸，否则极易氧化。

当时，国内真空冶炼的设备还很少。能不能有一种既不含铝、钛，又不需要真空熔炼，而其性能又与含铝、钛的镍基高温合金相当的高温合金？

这个设想在傅恒志心头冒出："研究出来的话，就可以解决国内对此类材料的燃眉之急！"1958 年，刚刚入党两年的傅恒志作为唯一一个铸造专业的公派留学生前往苏联，专攻耐热合金。导师对傅恒志的"新材料"设想大加赞赏：敢想前人之未想，敢做前人之未做。

功夫不负有心人，经过两年的反复筛选，傅恒志研制出了"无铝、钛的镍铬基"这一新型高温合金系列。更令人震惊的是，他刚刚把研究成果写进论文，还未进行论文答辩，成果就已经被运用在苏联某航空发动机的导向叶片上了。苏联的工业界纷纷表示："这是了不起的大事件！"

傅恒志做的大事又何止这些——

在国内率先建立铸造学科唯一的凝固技术国家重点实验室；培养了我国首个铸造学科工学博士；在国际上首次提出液固界面非平衡溶质再分配和单晶定向组织超细化的概念，这被认为是凝固理论界的突破……

1984 年，西北工业大学以投票选举的方式确定校长，而结果大大出乎傅恒志的意料。"大家怎么选了我？"

"我不能让大家失望，不能辜负组织。"甫一上任，面对学校当时教师队伍人心不稳的形势，他打破职称评审论资排辈的规则，在 30 岁左右的优秀青年教师中破格晋升了一批教授。不仅如此，他还带头腾出办公室，将宽敞明亮的行政大楼调整为青年教师的科研用房。

"高等教育就是要为国家培养高精尖人才"，随着一系列改革激励措施的出台，教师的积极性被调动起来了，一大批青年才俊快速成长，他们中后来涌现出魏炳波、陈光、李贺军等多位院士专家。傅恒志又主动适应社会需要，新增设了应用数学、应用物理、工程力学等 8 个专业，成为原航空工业部所属院校专业调整改造的突出典型。

在傅恒志任校长期间，西北工业大学取得重大科研成果 500 多项。1992 年，在全国 100 多所重点院校中，西北工业大学的总科研成果获奖数排在首位。

2013 年，中国机械工程学会授予傅恒志"中国铸造终身成就奖"。但傅恒志对此表示"既光荣又惭愧"，惭愧的是，自己对传统铸造行业没有做更多的工作；光荣的是，将毕生所学奉献给科研和教育事业，何等幸福！

杜善义（1938— ），力学和复合材料专家、教育家。1999 年当选为中国工程院院士。哈尔滨工业大学教授，中国科学技术大学工程科学学院院长。我国复合材料科学带头人之一，首位获得国际复合材料界最高荣誉称号 WORLD FELLOW 的中国科学家；中国航天教育事业的开拓者，培养了一支创新能力强并扎根东北的教学研究团队。获国家科学技术进步奖二等奖和三等奖各 1 项、国家技术发明奖二等奖和国家自然科学奖二等奖各 2 项，获国家教学成果奖二等奖、第二届钱学森力学奖等奖项，带领团队获全国创新争先奖牌等。1965 年加入中国共产党。

杜善义：
甘为航天事业育桃李

金振娅

"我有一个坚定不移的理想，就是让自己的学生超过自己，这样社会才能进步，国家才有希望。"

——杜善义

已是耄耋之年的杜善义，每年都会拿出大量时间来指导学生。虽然辛苦，但对他来说，却是一件幸福的事情！

这位在国际复合材料界享有很高声誉的科学家，身上还有这样的"光环"——曾荣获全国模范教师称号和哈尔滨工业大学（简称"哈工大"）首届人才伯乐功勋奖。立德树人与教书育人，素来是杜善义认为最重要的事。在高校讲坛上，杜善义乐此不疲地为学子们做各种学术报告；实验室里，他循循善诱地指导学生们做实验，与他们讨论课题进展；公益活动上，他神采奕奕地为全民科普贡献一己之力……

杜善义的人生始终保持着奔跑的姿态。早在 1987 年，国家航天事业的发展急需人才，在杜善义等人的倡导下，哈工大成立了我国首个以"航天"命名的学院，他担任第一代"掌门人"，培养了一大批航天精英。

杜善义根据每位学生的特点和兴趣，制定了不同的学习方案，实现了"因材施教"，鼓励他们既自由思考、独立科研，又团结协作、敢为人先，更要超越导师、勇往直前。至今，杜善义仍记得钱学森先生曾不止一次地说过："对待科学必须严格、严肃和严谨，同时，还要坚持辩证唯物主义的科学研究方法。"

"我那时受钱学森先生的影响很大，他的'星际航行概论'等课程让我在心里种下了航天梦。"杜善义回忆，这也是他对三尺讲台有执念的原因所在——为祖国的航天事业培养人才。

出生于辽宁大连的杜善义，幼年时期曾生活在伪满洲国的统治下，日本投降后，已经慢慢懂事的他，内心总有这样的强烈愿望："国家需要强大起来，我要发奋努力。"

深明大义的母亲给了他极大的支持："就算我讨饭，也要供你上大学！"

1959 年，杜善义以优异成绩考入中国科学技术大学。1964 年 9 月，他到哈工大任教。次年 5 月，他光荣地加入了中国共产党。

20 世纪 70 年代初，除了潜心研究当时教研室的专业研究方向外，杜善义还关注到了力学的一个新分支——断裂力学，他如饥似渴地搜集与之相关的一切信息。1980 年，带着党和国家的嘱托，杜善义远赴美国乔治·华盛顿大学深造两年。他的勤学不倦和独到见解，让指导教授、国际著名断裂力学家李波维兹称赞不已。一次偶然的机会，杜善义接触到先进复合材料，其优越的性能潜力和广阔的应用前景，令他怦然心动。他敏锐地感觉到祖国未来的需求，提出用力学理论和方法解决复合材料在研究、应用中的新问题。

"国家的需要就是我们奋斗的方向。"伴随着复合材料研究与应用的发展，杜善义顺势而为，与顾震隆教授等人一起在 1989 年创建了哈工大复合材料与结构研究所。杜善义提出了"软件要硬、硬件要刚"的严格要求，培养了一大批高层次人才，其中 2 名当选为两院院士，9 名入选"长江学者奖励计划"特聘教授，9 名获得国家杰出青年科学基金资助。如今，这位中国航天教育事业的开拓者，培养和凝聚了一支由 60 余名优秀博士组成的教学研究团队，扎根东北，创新能力之强，在业内有目共睹。

在杜善义的带领下，研究所牵头负责 3 个关于特种复合材料的国家安全重大基础研究项目，并承担了国家自然科学基金、国家 863 计划和重大应用等大量科研任务；研制出的多种新型热防护材料及轻质结构获得了飞行应用，助力长征五号、长征七号等新一代航天装备的研制，为载人航天、深空探测等国家重大工程做出了重要贡献。

"高站位""长远眼光""战略思维"，是身边人提起杜善义时的高频词。如今，他仍然忙碌在教学和科研一线，仰望苍穹，甘为人梯，为祖国的航天事业殚精竭虑。

周廉（1940— ），材料科学专家。1994年当选为中国工程院首批院士。西北有色金属研究院名誉院长，陕西科技大学名誉校长。主要研究领域为超导材料、钛合金、生物材料及 3D 打印材料等。多次主持国家重大科技项目、组织国内外重大学术活动。荣获包括国家技术发明奖二等奖在内的国家级、省级科技成果奖励 22 项。被授予"全国先进工作者""国家有突出贡献的留学回国人员""国家有突出贡献中青年专家"等荣誉称号。1971 年加入中国共产党。

周廉：

为材料科学事业不断注入新能量

金振娅

"我不是什么天才，之所以能成功，个人奋斗固然重要，但更重要的是国家重视科技、发展科技的好时代造就了我。"

——周廉

周廉是个"铁人"!

1969年,为响应国家支援三线建设的号召,正值青春年华的周廉放弃了北京优越的工作条件,离开北京有色金属研究总院,奔赴西北腹地秦岭山下。

周廉的新家,就安在老乡昔日的"干打垒"里,与他朝夕相伴的只有崇山峻岭,还时常有野兽出没。但是,对心有大我、至诚报国的周廉来说,那里正在建设国内最大的稀有金属材料加工科研生产基地,是他追逐科研梦想的摇篮。也就是在那里,周廉光荣地成为一名共产党员!从此,周廉和"钛城"(陕西宝鸡)人在这里开始了艰难的超导科研攀登,也开启了他极具传奇色彩的又一段精彩人生。

1970年,祖国西南发来一封求援电报,受控核聚变装置急需250公斤的铌钛超导单芯线,长度必须大于1000米,最难的是直径必须是0.37毫米,而线芯直径仅为0.25毫米。这种铌钛超导单芯线,国外刚刚研制成功,国内尚为空白!勇攀高峰、敢为人先,周廉被任命为攻关组组长,他二话没说,拎起铺盖,住进了简陋的实验室。他带着20多个人,苦干了100多个昼夜,经过数百次测试和分析,终于研制和生产出了第一批250公斤铌钛超导线材。这是中国首批具有国际先进水平的铌钛超导线材,单根线材的平均长度为5500米,最大长度达2万米以上,临界电流密度达到了当时的国际先进水平。

许多熟悉周廉的老同事感慨,"老周"身上就是有一股特别不服输的韧劲、特别敢争先的拼劲,他是个真正的"铁人"!

从求知创业到硕果满载,从进退维谷到柳暗花明,50多年来,周廉始终围绕国家重大需求,聚焦关键技术领域,在超导、航空航天、核工业、海洋等研究领域攻坚克难,取得了举世瞩目的成绩。周廉坚持的低温超导材料研究开创了铌钛超导研究的新纪元,为国际热核实验堆(ITER)计划超导线材产业化和中国超导材料实用化做出了卓著贡献；主持研制的高温钇钡铜氧、铋系、二硼化镁新型超导材料的性能 3 次突破世界纪录；指导学生开发的 TC21 钛合金，是我国首次研制成功的具有自主知识产权的高强、高韧、高损伤容限钛合金，也是我国第四代战斗机所使用的主干钛合金，打破了国外垄断，解决了领域中的"卡脖子"难题。

周廉面向世界、面向未来，为中国材料科学建设谋篇布局，把准中国材料研究发展方向，稳步扩大中国材料界的国际影响力。他长期担任 863 计划专家委员、973 计划顾问，为国家材料领域重大事项的发展规划、战略部署提供咨询意见和建议。他创办的《中国材料进展》目前已经成为国内材料界有较高影响力的综合性中文学术期刊。他创立的西北有色金属研究院发展模式，已经成为全国转制院所的成功典范，使得西北有色金属研究院跻身国内一流科研院所，年产值达到约两百亿元。

人才是科技发展的基础。周廉是一位桃李满天下的科学教育家，不仅为西北有色金属研究院打造了一支优秀的人才队伍，他还特别重视对全国材料领域青年拔尖人才的培养。他牵头开办的钛合金博士班、航空材料博士班、3D 打印博士班等，让 3000 余位青年学生和青年科技工作者从中获益，他们后来遍布我国材料科学发展的各行各业。

直至古稀之年，周廉仍然热切关注着生物材料、3D 打印材料、海洋材料等新兴领域，为探索我国材料领域的发展方向做出了突出贡献。

从松花江畔的莘莘学子，到黄土高原的科技精英，再到享誉国际的材料科学专家，周廉胸怀祖国、服务人民，肩负起历史重任，以永不服输的意志和拼搏奉献的精神，为材料科学事业不断注入新能量！

李泽椿（1935— ），天气动力和数值预报专家。1995年当选为中国工程院院士。正研级高级工程师，国务院应急管理专家组成员，国家减灾委专家组成员，南京信息工程大学及中国气象科学研究院硕士生、博士生导师。曾任国家气象中心主任、北京气象学会理事长。"七五"期间研制并建立了我国第一个中期数值天气预报业务系统，"八五"期间研制了我国的台风与暴雨数值预报系统，"九五"期间主持了"并行计算在数值天气预报（NWP）中应用"科研项目，项目完成后极大提升了我国气象业务的预报水平。获国家科学技术进步奖一等奖1项、二等奖2项，2004年获中国气象局科学技术贡献奖。1961年加入中国共产党。

李泽椿：
党和国家需要，就要尽心尽力

杨　舒

　　"把论文写在祖国大地上，写在国家和人民的紧急需求上。"

——李泽椿

1952 年的冬日，天格外冷。

陕西秦岭大巴山深处，迎来了 3 位解放军战士，他们推着装满气象观测设备的独轮车，在崎岖的山路上走了整整 4 天。带队的年轻人，正是 17 岁的李泽椿。

此前一年，还在上高二的李泽椿毅然报名参军入伍，目标很明确——抗美援朝上前线。入伍后，他被分配到中国人民解放军西南军区空军司令部气象干部训练班，学习气象观测。

"刚开始有些失落"，彼时，我国气象人才奇缺，国防建设对气象航空保障的需求尤为迫切，他很快想通了——"人民军队为人民，在部队这个'大熔炉'里，我不断学习，逐步树立了共产主义人生观、世界观和价值观——党和国家需要，就要尽心尽力"。

李泽椿年纪虽小，但成绩出色，许多战士亲切地叫他"小先生"。他先任气象教员，后任气象站观测员，1955 年被选派到北京深造，随即考入北京大学物理系气象专业。

1961 年，尚在读书的李泽椿光荣地成为一名共产党员。回忆入党初心，李泽椿说："跟着党，为人民服务，让人民过上好日子。"此后 60 余年，他初心不改，矢志研判万里长空风云变幻，在他看来，"为老百姓服务，是做气象工作的光荣所在"。

研究生毕业后，李泽椿来到中央气象台。从成为预报员到当选为院士，半个多世纪里，他始终站在业务一线，参与并见证了我国气象科技从无到有的突破。

20 世纪 80 年代初，作为组织者和主要完成人，李泽椿联合多方共同攻关，建立了我国第一个短期（1～3 天）数值天气预报业务系统，结束了中国只能靠收用国外数值预报天气的历史。

1990 年，李泽椿团队建立的我国第一个中期（10 天）数值天气预报业务系统正式投入使用，我国步入了当时国际上少数几个能进行中期数值天气预报的国家行列。

20 世纪 90 年代以来，作为首席科学家，李泽椿带领团队，攻关建成了我国台风、暴雨灾害性天气数值天气预报业务系统，并将并行计算技术应用于数值天气业务预报，为天气预报、气候预测提供了新技术。

…………

李泽椿常说："作为党员，我的成长不是被动式的，而是做好创新工作，机会一到就迎头赶上。"

年轻时艰苦的气象观测环境让李泽椿患上了风湿性关节炎，但他从不曾退缩；在北大读书时，为了充分掌握计算机知识，探索数值天气预报的可能性，他每天骑自行车到中国科学院借用计算机；在攻关短期和中期数值天气预报时，为了能"随心所欲"地使用当时的计算机，他总是凌晨两点趁大家睡觉时，来到机房调程序、改方案。

这些年，年事渐高的李泽椿总挂念着一个问题，那就是，如何推动气象观测对水资源、生态环境和粮食安全等发挥更大的作用。

面对"70 多年来我国天气预报准确率大幅提升"的功劳簿，李泽椿一直保持着务实的态度，"中国地理地形复杂，是一个自然灾害频发的国家。数值天气预报研究不仅要提升预报准确率，更重要的是要用到服务老百姓的生活上"。

在李泽椿看来，做任何研究，要先想一想这是不是发展国民经济、保护人民生命财产安全所需要的工作，"检验我们工作的唯一标准，永远是有没有满足老百姓对预报和预警的需求"。

陈俊亮（1933— ），通信与电子系统专家。1991年当选为中国科学院学部委员（院士），1994年当选为中国工程院首批院士。我国有线600/1200波特及无线600波特数据传输设备的主要研制者之一；参与DS-2000程控数字电话交换机的研制，建立了程控交换机诊断的基本理论；承担DS-30程控数字电话交换机及程控交换软件单元测试系统等数项国家重点科技攻关项目；率先从事智能网研究，实现成果产业化并得到广泛应用，在智能网的软件结构、业务生成、过程控制等方面提出了新方法。获国家科学技术进步奖一、二、三等奖各1项。

陈俊亮：
为民族做贡献是最高兴的事

詹 媛

"你真正要对国家做出贡献，必须要扎扎实实地做工作，从最基层的工作做起，这样经过几十年积累，才慢慢能成为国家栋梁之材。决不能只看眼前的一些利益。"

——陈俊亮

"国家的需要，国家的利益，怎么办？"两院院士陈俊亮看到当时大学生就业都想去大城市、去外企的情况时，忧心忡忡。2007年，时任全国政协委员的他，提出"要培养学生对家庭、国家、人民的责任心"。"没有这样的基本品德，没有大的出息。"他说。

能发出这样的疾呼，正是因为陈俊亮自己多年来从不计较个人得失，始终将国家的需要和利益摆在第一位。"一个人，不是为了满足吃住，而是要有理想，有抱负，这才是人生的真正价值。"他说。

这份拳拳爱国之心支撑着陈俊亮多年如一日，将自己奉献给党和国家的电信事业。

陈俊亮1933年出生于浙江宁波，1955年从交通大学电讯系毕业后，被分配到了当年成立的北京邮电学院（北京邮电大学的前身）。不久后，乘着"向科学进军"的东风，他赴苏联留学，在短短三年半时间里顺利获得了莫斯科电信工程学院副博士学位。回国后，他一头扎进实验室，成功研制出数字系统逻辑设计和数据传输系统。

1965年初，我国开始研制急需的首台数据通信设备。陈俊亮负责研制有线数据传输设备中的纠错编码系统。这不是陈俊亮的本行，但国家有需要，他就往前冲。

为了早日完成这个重点项目，新婚不久的陈俊亮几乎没有周末，每天都是晚上10点以后才回家。经过一年左右的努力，有线600/1200波特数据传输设备研制成功。

1967年初，陈俊亮负责研制用于东方红一号卫星数据通信设备的纠错编码设备。为了制定出简单但纠错能力强的设计方案，陈俊亮每天泡在学校外文图书馆查阅资料，却一无所获。直至在一批新到的英文杂志中发现了一篇关于差数集码的文章，他才豁然开朗。最终，陈俊亮将数据传输的误码率从 10^{-3} 降低到 10^{-6}，整整降低了三个数量级。他也因此获得了"东方红一号通信纠错大师"的雅号。

1978 年，陈俊亮成为改革开放后中国首批 52 名赴美访问学者中的一员。在美期间，有一件事让他终生难忘。1979 年 1 月，邓小平访美，他的夫人卓琳接见了陈俊亮等赴美访问学者，她说："你们学成之后要回来报效国家，如果你们不回来的话，'老头子'（指邓小平）会急得睡不着觉的。"这更让陈俊亮感受到了党和国家对人才的重视和关心，坚定了他学成报国的信念。

在美国，陈俊亮深感中国通信技术和设备的落后，越发努力学习钻研。1981 年初，他毅然放弃了美国加利福尼亚大学伯克利分校为挽留他而开出的优厚待遇。访美归来，他挑起了国家重点科技攻关项目——研制中国第一台 DS-2000 程控数字电话交换机的重担，用实际行动践行了对党和国家的责任担当。

内心怀着对党和国家的深情，陈俊亮一刻也不肯停歇。20 世纪 90 年代初，陈俊亮意识到国外对国内交换机增值行业的觊觎。他力求开拓创新，带领北京邮电大学国家重点实验室的科研人员研究交换机增值服务——智能网。1996 年，国内第一套智能网系统诞生，成功应用于通信网，并在国内 10 余个省市使用，基本满足了我国通信网建设的需要，成功抵制了外国产品对中国市场的挤占。

对此，陈俊亮颇感欣慰："我们也算为民族产业做出了自己的贡献，这是我感到最高兴的事。"

徐德龙（1952—2018），无机非金属材料专家。2003年当选为中国工程院院士。曾任中国工程院党组成员、副院长。作为中国硅酸盐工程领域的学术和技术带头人，在水泥悬浮预热预分解技术、粉体工程等方面取得多项重大成果；创造性地提出了高固气比悬浮预热预分解理论，利用原创性的高固气比悬浮预热预分解技术建成多条生产线，主要指标创同类型窑国际领先水平；主持设计了全世界最大的冶金工业渣微粉生产线，在20多家钢铁企业推广应用，各项指标居国际先进水平，实现了工业废渣的资源化。曾多次获得国家级、省部级科技成果奖，荣获多个国家级荣誉称号。1972年加入中国共产党。

徐德龙：
我本一胡杨

杨　舒

"第一口螃蟹不好吃，但是必须吃，只有这样，中国才能真正成为一个创新型国家。"

——徐德龙

　　茫茫大西北，荒漠之上的胡杨深深扎根地下，以坚韧不拔的身姿阻挡着沙暴对绿洲的侵袭。徐德龙长于甘肃兰州，作为我国水泥生产工艺及工程领域的首位院士，他生前常以这种特殊的树种自喻，并赋诗明志："我本一胡杨，长在沙石台。雨露也滋润，阳光满胸怀。"

　　作为一名从黄河岸边走来的农家子弟，徐德龙 16 岁时入伍从军，在部队这个"大熔炉"中快速成长。1972 年 9 月，在中国人民解放军新疆军区，他正式成为一名共产党员，为国为民的初心从此根植于心。

　　一年之后，徐德龙考入西安冶金建筑学院（西安建筑科技大学的前身），学习水泥工艺专业。一旦进入学习的状态，就没有人能够打扰他。刻苦钻研带来了优异的成绩——他的大学毕业论文《双层流态化烘干机》被收入《水泥生产技术》一书。毕业后，他留校工作，从此与无机非金属材料研究结下了一生的情缘。

　　作为科学家，徐德龙给人留下最深刻的印象，正是其勇于第一个"吃螃蟹"、锲而不舍的探索精神。

　　那时，水泥也被称为"洋灰"，发达国家一直占据相关技术领域的优势地位。1983 年，徐德龙经过反复的热力学理论研究，首次从数学和物理学的角度揭示了固气比对热效率的影响，进而创立了高固气比悬浮预热预分解理论。

　　这一理论的诞生一下子突破了当时的窑外预分解技术框架，受到国际学界的高度评价，使中国人第一次站在了引领世界水泥技术的制高点。

　　为了将这项理论成果转化为实用技术，徐德龙和同事们坚持不懈地进行了十余年的开发研究。2010 年 9 月，采用高固气比悬浮预热预分解新技术的陕西阳山庄水泥有限公司日产 2500 吨的水泥熟料生产线进入生产调试。使用效果表明，实际增产 43%，综合热耗降低了 21%，电耗降低 15% 以上。特别值得称道的是，二氧化硫减排约 80%，氮氧化物减排 50% 以上，各项指标均居国际领先水平。也是在那一年，在全国建材工业"由大变强　靠新出强"发展战略回顾与展望座谈会上，徐德龙底气十足地为我国水泥及建材行业的发展提出新定位："世界水泥产量有一半以上在中国，中国理应引领世界潮流，而且中国也有条件、有能力做成这件事情。"

数年来，徐德龙团队利用原创技术建成和改造的 120 余条生产线，主要指标达到同类型窑国际领先水平，创造了巨大的经济效益。

然而，徐德龙的探索并未止步。

我国是钢铁生产大国，排放的矿渣堆积如山却无法有效利用。他带领团队成功开发出高炉矿渣水泥的加工工艺，变废为宝，研究达到国际领先水平。同时，他主持设计了当时全世界最大的冶金工业渣微粉生产线，并在多家钢铁企业推广应用，各项指标达到国际先进水平，实现了工业废渣的资源化，为我国低碳事业的发展做出了突出贡献。

对于教育事业，徐德龙同样充满热情。在西安建筑科技大学校长的岗位上，他整整工作了 15 年。校友们回忆，每年的毕业典礼上，徐德龙常会这样勉励大家——"人生不能忘记母亲、母校和祖国。人生也永远不要说我不会、我不行、我不能"。

2014 年到 2018 年，徐德龙出任中国工程院党组成员、副院长。四年间，他保持着一名共产党员的本色，年逾花甲却依然热忱不改，积极倡导并推动院地战略合作，主持了多项重大咨询项目。

斯人已逝。如今，在西安建筑科技大学的校史馆里，人们常在一幅水泥画前驻足。画上，徐德龙目光深邃，深情地注视着每一位为国创新的后来者。

崔俊芝（1938— ），计算数学、计算力学与软件工程专家。1995 年当选为中国工程院院士。1964 年，在提出三角形和矩形有限单元的基础上，研制出我国第一个平面问题通用有限元程序，解决了刘家峡水电站大坝应力分析难题；1973 年，利用增量理论给出了有间隙带摩擦弹性接触问题分析方法，解决了龚咀水电站大坝带缝运行的分析问题。20 世纪 80 年代初，在主持并参与研制多个工程有限元软件的基础上，提出了一套研制科学和工程软件的工程方法；1990 年后，提出并完善了分析非均质材料与结构的高阶多尺度方法和 ACC 模型及其算法。获国家自然科学奖二等奖等 10 余项奖项。1980 年加入中国共产党。

崔俊芝：
搞科学研究就是要做前人没有做过的事

詹 媛

"对于科研人员来说，大学里学什么固然重要，但我认为更重要的是要把国家需要和个人的知识、能力与兴趣紧密结合，在合适的位置上认真和创造性地成就自己的事业。"

——崔俊芝

"认认真真做事，不墨守成规；老老实实做人，不人云亦云"——这是崔俊芝的人生格言。

崔俊芝出生于 1938 年盛夏的一个夜晚，他的父母都是农民。他说："他们从未想过要供我上大学。"

崔俊芝幼年是在兵荒马乱、流离颠簸、天灾人祸中度过的。直到 1946 年春，家乡在一座破庙里建起小学。"我上学了，但父母送我上学仅是让我认几个字，将来遇事不受人骗。由于解放战争，小学的前四年是在断断续续中念的。"崔俊芝说，"1949 年春，新乡解放了，从那时起直到大学毕业，我的学生生活再也没有中断过。"

艰苦的磨砺使他变得坚韧。用两年半时间读完初中，他考入豫北地区最好的高中。高中时，在"向科学进军"的浪潮中，老师鼓励大家树立远大理想。崔俊芝读过华罗庚、钱学森等科学家的事迹，"下定决心要向他们学习——当一名科学家，为中国的科技事业做出贡献"。

1957 年，他考上了西北工学院数学力学系。"1960 年 4 月，正读大三的我，被通知当预备教师，给 1959 级自动化系本科生上高等数学课。6 天后，我按时走上了讲台。"崔俊芝说，1962 年春，系领导又问他是留下当教师，还是等考完所有课程后参加毕业分配。崔俊芝选择了后者。毕业后，1962 年 10 月，他来到中国科学院计算技术研究所（以下简称"计算所"）。

他被编入计算所三室水坝计算组。1963 年初，水利电力部水利水电规划设计院（以下简称"设计院"）刘家峡水利枢纽工程组，将大坝应力分析的任务交给了计算所，组长把任务分给了崔俊芝。

设计院原定采用"试荷载法"进行大坝应力分析。"我用了一个多月的时间，尝试了多种解法，总是算不出满意的解。经过反复核查，最后发现——'试荷载法'的系数矩阵高度病态，不可能算出好结果。"崔俊芝说。

于是，设计院放弃了"试荷载法"，接着崔俊芝采用同事使用过的应力函数法，试图解决问题。"经过多种网格及方案试算，费尽九牛二虎之力，还是算不出满足局部平衡的应力场；又经过千方百计的核查，才发现应力函数边界处理误差过大，且计算应力又计算二阶差商，引入了较大误差。这就使得我的计算任务陷入了'死胡同'。"崔俊芝回忆说。

此时，中国科学院开始了"以任务带学科"的系统研究。在老组长魏道的建议下，崔俊芝开始了创新之路。他反复调研，决定从位移表示的应力平衡方程出发。经过夜以继日地演绎，精心琢磨和改进，终于构造出基于三角形和矩形互补网格的积分守恒型位移格式；接着他与王荩贤合作构造了既满足应力平衡又满足总势能极小的三角形和矩形单元。通过典型构件试算，他们得到了令人满意的应力场，并于 1964 年五一国际劳动节前夕，独立研制出第一个平面问题通用有限元程序，顺利为刘家峡水利枢纽工程组计算出多组设计方案的应力结果，圆满地完成了任务。1966 年 10 月，中央给计算所发来明码电报，表彰其为"刘家峡水利枢纽工程做出了重要贡献"。

60 年来，除有限元方法外，崔俊芝还在有间隙带摩擦弹性接触问题分析方法、大型工程软件研制与软件工程方法、非均质材料结构的高阶多尺度方法和原子 - 连续关联模型及其算法研究方面做出重要贡献，先后解决了近 30 个大型工程的设计计算问题。

"我做过的研究有着共同的特征——跨学科、边缘性以及强烈的工程背景，且数学模型尚不准确，理论体系有待完善。这些问题给我提供了创新的机会。"崔俊芝说。他的人生经历，诠释了何为求真务实。

旭日干（1940—2015），家畜生殖生物学与生物技术专家。1995年当选为中国工程院院士。长期从事以家畜生殖生物学为中心的现代畜牧业高技术研究，为揭开哺乳类动物受精之谜提供了大量的科学依据；首次探索出山羊、绵羊和牛精子体外诱导获能的途径，培育出世界首例试管山羊和国内首胎、首批试管绵羊、试管牛，并建立了规模化生产试管牛、羊的整套技术工艺；在家畜育种研究中创造性地应用体外受精的理论与技术，在国际上首次提出试管内杂交育种技术，为家畜改良和育种开创了新的技术途径。获全国五一劳动奖章、"全国优秀科技工作者"荣誉称号等。1980年加入中国共产党。

旭日干：
干事业一定要讲奉献

崔兴毅

"我们中国人不比外国人差，他们能做到的我们也能做到，甚至可能比他们做得还好。"

——旭日干

务农重本，国之大纲。

中国共产党成立以来，党中央始终把解决"三农"问题作为工作的重中之重。而在畜牧业领域，我国蒙古族学者旭日干做出了不可磨灭的贡献。

1984年3月9日，世界首例试管山羊在日本农林水产省畜产试验场中顺利诞生，消息轰动了国际学术界。这一成果是世界胚胎生物技术领域的重大突破，旭日干自此被誉为"世界试管山羊之父"。

长期从事畜牧业研究的旭日干是如何取得这一成果的？

时间回溯到1982年，日本学者花田章博士正在进行山羊体外受精研究，但一直没有取得实质性进展。国际上对山羊体外受精的研究已经进行了几十年，关键问题在于这个方向没有突破——牛、羊等家畜的精子在体外没有与卵子结合的能力。就在这个时候，旭日干到日本公派留学，在日本兽医畜产大学（后改名为日本兽医生命科学大学）及日本农林水产省畜产试验场进修。花田章发现了这个中国人才，便把这项研究交给了勤奋的旭日干。

把想象变为现实不是一条平凡之路，熬夜早已成为常态，旭日干自己都不知道做了多少次试验，直到有一天，他在显微镜下发现了一个让人喜出望外的现象：在药物的诱导下，山羊卵子在体外受精成功了！紧接着，他开始了试管山羊的试验，这需要他每天都细心观察母羊的细微"异样"，这样的观察没有让他失望，世界第一胎试管山羊诞生了！这项技术可以把数以万计的受精卵同时植入普通山羊体内，使母羊产下良种小羊，并且一年双仔。

这是重大突破！家畜体外受精生物技术经过半个世纪的研究，终于变成现实，成为具有重要应用价值的生物工程。

"工作就是我最大的乐趣"，在旭日干看来，他自己就是个闲不住的人。"干事业是一定要讲奉献的。"

1985 年，旭日干要学成归国了，为挽留人才，日本的试验场和学校给出了丰厚的薪资待遇，但都被他婉拒了。"我不能留在那儿，我必须回来！"在旭日干心中，他自始至终都是草原人民的儿子。

"内蒙古资源优势得天独厚，生物技术前景广阔。"回国后，旭日干在内蒙古大学成立了具有国际先进水平的生物研究基地，开展了以牛、羊体外受精为中心的家畜生殖生物学及生物技术的研究。

旭日干有一个心愿，就是将良种牛试管技术工厂化，大批量生产受精卵。"我们中国人不比外国人差，他们能做到的我们也能做到，甚至可能比他们做得还好。"

1989 年，试管绵羊、试管牛培育成功，填补了我国在该领域的空白。在此基础上，旭日干还设计了牛、羊试管胚胎工厂化生产和规模化移植的一整套技术路线。专家一致认为，这一科研成果的许多技术指标达到甚至超过了当时国际最高水平。

1994 年，旭日干又利用试管技术进行了高产优质绒山羊的育种研究，培育出了试管内杂交育种 F3 代羔羊，为我国的绒山羊事业做出了新的贡献。

如今，内蒙古大学的红色小楼前安放着一座山羊雕像，这就是"世界首例试管山羊"，它承载的正是草原之子旭日干诚挚的爱党爱国情怀。

柳百成（1933— ），铸造及材料加工专家。1999年当选为中国工程院院士。长期从事用信息技术提升传统铸造行业技术水平及提高铸造合金性能的研究，在多尺度、多学科宏观及微观铸造，凝固过程建模与仿真，铸造合金凝固过程基础理论以及提高性能应用研究等方面做出重要贡献。近年来致力于振兴我国制造业及推广先进制造技术等战略研究，积极参与"制造强国战略研究""工业强基战略研究"等多个战略研究项目。2002年获光华工程科技奖，2011年及2015年获中国机械工程学会中国铸造杰出贡献奖及中国铸造终身成就奖。1956年加入中国共产党。

柳百成：
为中国制造领跑世界而奋斗

袁于飞

"学成归国、报效国家是不需要理由的。"

——柳百成

1955 年，柳百成从清华大学毕业；次年，他光荣地加入了中国共产党。

"爱国奉献、创新思维、顽强拼搏、健康体魄、热爱生活"，柳百成用这 20 个字总结自己的人生道路。

1978 年 12 月 26 日，改革开放后的首批 52 名赴美访问学者，登上了去往美国的飞机，这是中国打开国门、走向世界的重要一步。对柳百成而言，作为首批赴美访问学者的总领队，这也成了他学术人生道路上的重要转折点。

在美国的 700 多个日夜，柳百成始终没有忘记祖国，他时刻牢记着党和人民对他的殷切期盼。1981 年，他回到朝思暮想的清华园，心中早已规划好新的蓝图——将计算机信息及高新技术应用到传统的铸造产业中去，做大做强中国的制造业！

多年来，柳百成攻克了一个又一个科研难题——深入研究铸造合金结晶凝固机理，为研发高强度高韧性的球墨铸铁奠定了科学基础；率先采用扫描电镜、电子显微探针、俄歇电子能谱仪等先进测试仪器及实验手段，研究铸铁结晶凝固过程并形成机理，取得创新性基础研究成果，在工程应用领域做出了重要贡献。

不仅在科技前沿积极探索，柳百成还特别重视教书育人，要求学生既要爱国奉献、勇于创新，又要学风严谨、脚踏实地。回国后，他一直坚持为研究生、本科生讲课，为祖国培养了 50 多名博士以及大批本科生。他至今依然在清华园的三尺讲台上发挥着余热。

在人们看来，"铸造"一直是"傻大黑粗、又脏又累"的代名词，而柳百成带领的团队创造性地采用了多尺度建模与仿真技术，研发完成了国内第一个以"铸造之星"命名的商品化三维铸造工艺 CAD 及凝固过程模拟分析系统，该系统于 1993 年被国家科委批准为"国家级科技成果重点推广计划"项目。

如今，"铸造之星"工业软件被国内 60 余家企业应用，实现了优化铸造工艺、确保铸件质量、缩短制作周期及降低生产成本的目标，取得了显著的经济效益及社会效益。

立足本领域科研，放眼我国制造业的战略发展，柳百成还参加了国家中长期科学和技术发展规划战略研究中"制造业发展科技问题研究""装备制造业自主创新战略研究""制造强国战略研究""工业基础战略研究"等系列国家制造业重大战略研究项目。

柳百成在国际铸造学术界享有较高声誉，在多个国际学术组织任职，多次在国际学术会议上做大会主旨报告，为推动我国的国际合作做了大量的工作。1984—1996 年，他任国际铸造学会"稀土在铸造合金中应用"国际委员会学术秘书及主席，主持编写了《稀土在铸铁中的作用及应用》等文献综述报告，得到了国际铸造学会的高度评价。

八十余年弹指一挥间，时至今日，柳百成仍不忘初心、牢记使命，为中国进入世界制造强国前列而奋斗！

倪光南（1939— ），计算机专家。1994年当选为中国工程院首批院士。曾为中国科学院计算技术研究所公司（后改名为联想集团）首任总工程师。长期致力于发展我国自主可控的信息核心技术和产业，曾参与研制我国自行设计的第一台电子管计算机，首创在汉字输入中应用联想功能，主持开发了联想式汉字系统、联想系列微型机。1988年和1992年获得国家科学技术进步奖一等奖，2011年和2015年分别获得中国中文信息学会和中国计算机学会终身成就奖，2018年被评为"最美科技工作者"。

倪光南：
只为追求"中国芯"

袁于飞

"我们国家要强大，核心技术不能受制于人。"

——倪光南

"我生于 1939 年，见证了新中国的崛起，也经历了中国计算机从 0 到 1 研发创造的过程。我们国家要强大，核心技术不能受制于人。"倪光南回顾自己的科研初心时，这样说道。

1956 年，倪光南考上了南京工学院（后更名为东南大学）无线电系，毕业后被分配至中国科学院计算技术研究所。这家根据国家科学技术发展远景规划筹备并在华罗庚等老科学家支持下建立的研究所，是我国第一个计算机领域的研究所。

此后，倪光南一直从事计算机领域的研究开发工作，见证了我国计算机从 0 到 1 的发展过程。

1959 年，我国仿制成功了新中国第一台大型通用电子计算机 104 机，运算速度达到每秒 1 万次。1964 年，我国完全自主设计的 119 机研发成功，这是我国采用电子管的第一台大型通用数字电子计算机，运算速度提高到了每秒 5 万次，倪光南作为外部设备插件组组长发挥了重要作用。

在那个年代，只有美国、英国、苏联、法国和中国这 5 个国家能自主设计和制造计算机。

1974 年，倪光南作为计算所代表参加了国家首个汉字信息处理系统工程——748 工程会议，当时他已在计算所六室输入组开展汉字处理研究，得到了六室王中田书记的大力支持。1979 年，倪光南带领输入组研制的"手写文字识别机"，成为国内最早的文字识别机之一；研制的"111 汉字信息处理实验系统"在汉字输入和输出、显示、人机交互等方面做出了技术示范，也为汉语机器翻译、情报检索等提供了汉字处理服务。

改革开放后，倪光南应邀赴加拿大国家研究院担任访问研究员。其间，他接触到 32 位微处理机和 C 语言等新技术，感受颇深。

加快研发进度，时不我待。1983 年，倪光南回国。1984 年，他的课题组研制出一台完整的汉字微机——LX-80。同年 8 月，他的课题组进行了将 LX-80 移植到个人计算机成为联想式汉卡的开发工作。

1985 年 11 月，计算所成立了计算所公司，目的是转化计算所的科研成果，倪光南加入公司担任总工程师，将联想式汉卡成果带入公司。1985 年 5 月，计算所公司推出了第一型联想式汉卡，这成为公司的拳头产品。其后近十年里，联想式汉卡共推出 8 个硬件版本和更多的软件版本，销售 16 万套，获得了上亿元利润。

1988 年，在联想式汉卡大获成功后，倪光南带领团队在香港联想成功研制了"中国制造"的联想计算机主板和扩展卡，在国内外市场大量推出。因为"联想"品牌得到了广大用户的广泛认可，1989 年计算所公司改名为联想集团。

一直以来，倪光南认为，我国应当通过自主创新，掌握操作系统、CPU 等核心技术。从 1999 年起，他积极支持开源软件，推动建立我国自主完整的软件产业体系。

近年来，虽已暮年，但倪光南仍活跃于产业界，继续为发展国家关键核心技术而努力，为建设世界科技强国的伟大事业"鼓与呼"！

李德仁（1939— ），摄影测量与遥感学家。1994 年当选为中国工程院首批院士。测绘遥感信息工程国家重点实验室学术委员会主任。长期从事以遥感、全球卫星定位和地理信息系统为代表的地球空间信息学的教学研究，提出了处理测量误差的可靠性和可区分理论以及空间数据挖掘理论。获国家科学技术进步奖（创新团队）1 项，国家科学技术进步奖二等奖 5 项，国家级教学成果奖二等奖 2 项。2012 年被国际摄影测量与遥感学会授予最高荣誉"荣誉会员"称号。1985 年加入中国共产党。

李德仁：

把中国的"太空之眼"擦得更亮

袁于飞

"把一件事情老老实实做深做透是测绘人的基本风格。"

——李德仁

"你已经老大不小了，几十年来你一直在学习，一直在花国家的钱。你还不如一头牛呢，到现在都没挤出一点奶来，现在到了该回国'挤奶'的时候了。"李德仁的妻子朱宜萱在给他的一封信上，如是写道。

1985 年 2 月，留学德国两年多的李德仁学成后马上回国。当时有几家德国的研究机构想留他，因为他的表现非常优秀——在德国的两年多时间里，李德仁拼命地学习、钻研，他从验后方差估计理论出发，用极短的时间推导出比丹麦法更优越的新测绘方法，被国际测绘界称为"李德仁方法"；仅用一年时间完成的博士论文，解决了误差可区分性这一世界测量学史上的百年难题，如今全世界都用李德仁的理论来校正航测平差系统。

但心怀科技报国的信念，李德仁义无反顾地回国了，很快他就加入了中国共产党，祖国的需要就是他努力的方向。

功夫不负有心人，李德仁取得了一个又一个创造性成果。1991 年，他提出"3S 集成"① 理论，获得了国际认可。1994 年，他主持完成"GPS 用于空中三角测量的试验研究"，使野外工作量减少 90%，节约费用 70%，并大大缩短了成图期。他领导研制的具有中国版权的地理信息系统"吉奥之星"，打破了国外 GIS 软件"一统天下"的局面；他主持研制的中国首套移动道路测量系统，被誉为"革命性的高科技产品"，向全世界推广。

经过 30 多年的努力，李德仁的科研团队使中国测绘科学的水平得以与美国、德国并驾齐驱，位居世界三强之列。

让科学理论在实践中得以应用，是李德仁的心愿。他参加我国"太空之

---

① 3S 指遥感（RS）、全球定位系统（GPS）和地理信息系统（GIS）。

眼"高分辨率对地观测卫星的研发工作，在卫星精度和质量上下功夫，在元器件受限的情况下，用高精度地面定标场和精细的算法提高了数据质量。

截至 2015 年 5 月，李德仁和团队一共研制了 20 多颗高分辨率卫星和两颗测绘卫星，分辨率从 5 米、3 米、2 米、1 米提升到 0.5 米，这一连串数据直观地记录了我国测绘卫星从无到有、从有到优的整个过程。

只要对国家有利，李德仁都会积极去做：面对汶川大地震，他带领测绘遥感信息工程国家重点实验室，为正确指挥处理唐家山堰塞湖险情提供了分辨率最高的数据；面对北京奥运会，他带领专家团队，从奥运会申办、场馆建设到成功举办，全方位提供专业的"贴身服务"，为国家节省约 16 亿元；为了更好地展示"数字敦煌"的魅力，他带领团队运用测绘遥感新技术，将莫高窟以毫米级精度虚拟在计算机里；直面来势汹汹的新冠肺炎疫情，他迅速指导团队，就火神山、雷神山医院建设对周围环境的影响进行评估，为疫情防控提供了强有力的科技支撑。

李德仁不仅科研水平高，教学质量也有口皆碑。每年大一新生开学时，李德仁都会如约出现在武汉大学"测绘学概论"课程的讲台上。他总是告诫学生："把一件事情老老实实做深做透是测绘人的基本风格，不能到了我们这一代管得不严，把这个优良作风丢掉了。"

当前，智慧地球时代已经来临。"智慧地球是基于数字地球、物联网和云计算建立的数字世界和现实世界的融合，这都赋予了测绘学科新的使命。"李德仁说，"这也是我的新追求，瞄准学科未来发展方向，真正实现测绘学科在智慧地球时代的大集成、大融合和大智慧。"

躬 行

他们把论文写在祖国的大地上，用科技成果助力国家的建设，用信仰照亮前行路，用知识托起新曙光

张光斗：
我爱国、爱党、爱人民、爱社会主义，矢志不移

袁隆平：
党和国家尊重人才、尊重知识

吴良镛：
投身共产主义事业是最大的幸福

闵恩泽：
国家需要什么，我就做什么

李俊贤：
为国家争口气

任继周：
奋斗的动力就是要回报社会

孙永福：
决不辜负党和人民的期望

翟光明：
为祖国"加油"，为民族"争气"

山仑：
用所学知识托起黄土地上的新曙光

陈厚群：
只要祖国需要，我随时准备出发

汪应洛：
科学管理是技术，也蕴含治国之道

汪燮卿：
我们是临危受命，应该义无反顾

曾恒一：
为中国的海洋石油事业多做一点工作

张锦秋：
做好一名人民建筑师

陈肇元：
终其一生致力于土木工程

裴荣富：
没有野外，就没有地质

郑守仁：
坚守三峡的"工地院士"

陆佑楣：
投身三峡这片热土，是光荣更是责任

何镜堂：
建筑记录时代

王静康：
科学研究要"为国分忧"

洪伯潜：
愿以一生许矿山

于润沧：
许生采矿为报国

周福霖：
一定要攻克这个难题

谢克昌：
毕生奉献为能源

郭孔辉：
立志为祖国工业化做贡献

马洪琪：
信仰之光照亮了我的前行之路

康绍忠：
最好的奋斗时代，要为人民多做贡献

张光斗（1912—2013），水利水电工程专家和教育家。1955年当选为中国科学院学部委员（院士），1994年当选为中国工程院首批院士。中国水利水电事业的主要开拓者之一。主持设计了密云水库等工程，为黄河和长江水利工程的规划设计以及葛洲坝、丹江口、三门峡、小浪底等多座大型水利水电工程的建设提供技术指导，帮助解决复杂工程技术问题。自1949年执教清华大学以来，培养了5000多名学生，其中许多人已成长为我国水利水电事业的栋梁。获国家科学技术进步奖二等奖、何梁何利基金科学与技术进步奖、光华工程科技奖等奖项。1956年加入中国共产党。

张光斗：
我爱国、爱党、爱人民、爱社会主义，矢志不移

张 云

"我受之于国家和人民的多，为国家和人民工作的少，深感惭愧和不安。我爱国、爱党、爱人民、爱社会主义，矢志不移。"

——摘自《中国工程院院士传记：张光斗传》

作为著名的水利水电工程专家，张光斗用自己的一生写就了一部新中国成立以来水资源开发、利用、保护的历史。从密云水库的滔滔清泉，到三峡大坝的巍巍风光，再到黄河长江的波澜壮阔，他目光所及，唯国之江河。

1912 年，张光斗出生于江苏省常熟县鹿苑镇的一个普通家庭，尽管家境清贫，但他从小发奋读书，22 岁时以优异成绩获得了交通大学学士学位，并考上了清华大学留美公费生。1937 年"七七事变"后，已经在美国通过哈佛大学博士生资格考试的张光斗毅然回国。他看到各地洪涝灾害频发，人民生活困苦，便下定决心投身水利建设，为人民造福。

在祖国的山川中，他凭借过硬的专业能力、苦干的工作精神，开创了很多"第一次"：参与设计的狮子滩、桃花溪等水电站是中国人自主设计、施工建成的第一批水电站；负责引黄灌溉济卫工程中人民胜利渠渠首闸的布置和设计，第一次尝试在黄河下游破堤取水、灌溉农田；培养国内首批水利工程结构专业研究生；第一次开展结构模型实验研究；等等。

然而，张光斗却认为自己对国家的贡献仍然太少。1955 年，当时已是中国科学院学部委员的他感到"自己离共产党员的要求相差很远，条件不够，不敢申请"。在系领导的鼓励下，张光斗郑重递交了入党申请书，表示将牢记教导、接受考验，为共产主义事业做贡献。次年春天，张光斗光荣地成为一名共产党员。

1976 年 7 月 28 日，唐山大地震波及北京，密云水库告急。北京市委通知在外地的张光斗火速回京，对水库进行抢险加固。尽管当时张光斗还处于受审查、受批判的逆境中，但他抱着"对人民负责"的态度，每天奔波在水库大坝工地，爬上爬下检查施工质量，仔细审查一张张设计图纸。用他的话说，"我是为人民工作的，不是为哪一个人工作"。

工程事必躬亲，治江河只唯实。无论哪一项工程，他一定要去工地；到了工地，一定要去施工现场，是名副其实的"实践派"。20 世纪 80 年代，他不顾高龄体弱，坚持乘坐"沉箱"①潜入葛洲坝水电站下游水下，查看护坝工程的施工质量。1994 年，三峡工程正式开工。此后近十年间，他每年至少跑两趟工地，爬高架、下基坑，常常对人说："工人师傅能去，我为什么不能去？"在场的人们望着脚穿套鞋、头戴安全帽的老人瘦弱的身影，感动得说不出话来。除此以外，葛洲坝、丹江口、小浪底等几十座水利水电工程中，无不留下他的身影。

桃李不言，下自成蹊。自 1949 年执教清华大学以来，张光斗教过的 5000多名学生中，许多人已成长为我国水利水电事业的栋梁，其中后来当选为院士的就有 10 多位。

在生命最后的时光，张光斗仍然每天阅读大量资料，书桌前常常可以看到这个耄耋老人佝偻着身子，拿着一柄放大镜，手颤抖着，在计算机上用超大字体一字一句地敲写工程审查报告。"学习到老，工作到老，改造到老"，他用热血和信仰书写了生命的璀璨华章。

---

① 指一种有顶无底的箱型结构，内部设置隔板，可在水中漂浮，通过调节箱内压载水控制沉箱下沉或漂浮，多用于码头、防波堤。

袁隆平（1930—2021），中国"杂交水稻之父"。1995年当选为中国工程院院士。一生致力于杂交水稻技术的研究、应用与推广，发明三系法籼型杂交水稻，成功研究出两系法杂交水稻，创建了超级杂交稻技术体系，为我国粮食安全、农业科学发展和世界粮食供给做出了杰出贡献。获得首届国家技术发明奖特等奖、首届国家最高科学技术奖等多项国内奖项，以及联合国科学奖、沃尔夫农业奖、世界粮食奖等11项国际大奖。

袁隆平：
党和国家尊重人才、尊重知识

袁于飞

"正是由于党和政府的高度关注，我国的杂交水稻研究，在全国广大农业科技人员的艰苦攻关、通力协作之下，取得领先世界近40年的骄人成绩。"

——摘自《中国工程院院士传记：袁隆平自传》

倾尽毕生，"杂交水稻之父"袁隆平都在为实现他的"禾下乘凉梦"而奋斗。他生前曾说，杂交水稻诞生于中国，起源于湖南，湘西雪峰山下偏僻的安江农校是杂交水稻最初成长的摇篮，这项事业取得巨大成功，与党和政府的高度关注和大力支持息息相关。

1956 年，党中央发出"向科学进军"的号召，国务院组织制定全国科学技术发展规划，刚到安江农校教书的袁隆平受到鼓舞，希望研究一种高产的新作物。刚开始他选的是红薯、南瓜，但都失败了。后来，袁隆平在学校试验田偶然发现一株穗大粒多的"天然杂交稻"，由此转向了杂交水稻的研究。

1966 年，袁隆平把试验结果写成文章《水稻的雄性不孕性》，发表在《科学通报》上，当时国家科委九局局长赵石英看到论文后，立即致函湖南省科委和安江农校，指出杂交水稻研究很有意义。在当时，这一纸公函不仅使袁隆平成了被保护的对象，湖南省科委还把"水稻雄性不育"正式列入省科研项目，拨了 600 元的科研经费；并且湖南省农业厅同意将李必湖、尹华奇两名学生留下给他当助手，继续科学研究。

杂交水稻试验成功后，1984 年，袁隆平在湖南成立了杂交水稻研究中心。他生前曾感慨："一直以来，杂交水稻和湖南杂交水稻研究中心的发展受到了党和政府的高度重视和关怀。中心的发展遇到了好几次很好的机遇，这里边能讲出很多动人的故事，包含了党和国家的殷切希望，对我们来说是最大的动力和促进。"

袁隆平曾说："这些年来，我深深体会到党和国家对农业科技事业寄予的厚望，特别是对杂交水稻发展给予的巨大支持。我们一定要继续努力，不辜负党和人民的希望。"

袁隆平生前还积极参与对青年人的理想信念教育，言传身教。在中国科协等部门组织的巡回报告会上，他结合自身科研经历，分别讲述了不同时代的科技工作者不懈努力、为实现中华民族伟大复兴的中国梦铸就坚强基石的感人事迹，感召广大科技工作者和青年学子积极投身实现中国梦的伟大实践。

在获得首届国家最高科学技术奖时，袁隆平代表全体获奖人员发言，他说："我认为，这个奖是奖给全国农业战线的科研工作者的，因为杂交水稻是全国很多人协作攻关的成果。这次国家重奖科学家，充分体现了党和国家尊重人才、尊重知识的政策。这项政策太英明了，它像灌溉的闸门似的，一打开，广大知识分子的聪明才智就发挥出来了！"

袁隆平的一生，心系苍生，造福人类。他发明的杂交水稻，被西方专家称为"东方魔稻"，从根本上解决了中国人吃饭的问题，也为全人类免于饥饿做出了重大贡献。他说："我一直有两个梦，一个是'禾下乘凉梦'，一个是'杂交水稻覆盖全球梦'。"

这两个梦，都在逐渐变成现实。袁隆平矢志研究的杂交水稻，引领了一场世界范围内的"粮食革命"，为解决人类的温饱问题贡献了中国智慧。

吴良镛（1922— ），建筑学家、城乡规划学家和教育家。1980年当选为中国科学院学部委员（院士），1995年当选为中国工程院院士。曾任清华大学建筑与城市研究所所长、中国城市规划学会理事长。创建了中国人居环境科学，建立了以人居环境建设为核心的空间规划设计方法和实践模式，成功开展了从区域、城市到建筑、园林等多尺度多类型的规划设计研究与实践。先后获得联合国世界人居奖、国际建筑师协会届米奖、法国文化艺术骑士勋章、首届梁思成建筑奖、陈嘉庚科学奖等多项荣誉。获2011年度国家最高科学技术奖。专著《广义建筑学》获国家教育委员会科学技术进步奖一等奖。1960年加入中国共产党。

吴良镛：
投身共产主义事业是最大的幸福

金振娅

"我感到投身到这伟大的共产主义事业中是最大的幸福，我愿意为这人类最伟大的理想贡献出我的全部力量，不惜在必要时付出我的生命！"
——摘自吴良镛的入党志愿书

与华罗庚、朱光亚、王希季他们一样，怀揣着建设新中国的热情，吴良镛乘坐"克利夫兰总统号"邮轮，在 1950 年踏上了归国征程。

"一路非常艰辛。"在鲐背之年所著的《中国工程院院士传记：良镛求索》一书中，吴良镛回忆，终于等到下船，拎着自己尚可手提的行李，进入国境后，长期战乱的破坏随处可见，珠江大桥还横斜在珠江河道中间，他深切感受到了梁思成先生和林徽因先生给他的信中所说的"百废待兴"的时代召唤。

回国后，吴良镛用"心花怒放"形容他的心情。他回忆，新中国建立了新的政治体制。他加入建设祖国的行列中，将个人力量都投入清华大学建筑系的发展和新中国的城市建设中。

1960 年 5 月，吴良镛光荣地成为一名中国共产党党员。而今，60 余载时光荏苒，变化的是岁月，不变的是他对共产主义的信仰、为党为人民贡献智慧与力量的初心。

"民为邦本，本固邦宁，一个民族的发展始终与美好人居环境相伴随，人居建设的最终目标是社会建设。"这是吴良镛常说的一句话。

作为全球知名的建筑学家和教育家，吴良镛抓住一切机会讲述中国故事，传承中国精神，发挥沟通中外的桥梁纽带作用，引领中国建筑走向世界。

作为人居环境科学的创建者，吴良镛认为，1980 年以来，中国经历了人类历史上规模最大、速度最快、影响最广的城镇化，世界上并没有现成的理论适用于中国。他意识到人居环境在中国城镇化中的核心地位，创建了人居环境科学，填补了中国城镇化建设基础理论的空白。

多年来，吴良镛不忘初心、笃定前行。1999 年，由吴良镛起草的《北京宪章》，以人居环境科学理论为基础，在国际建筑师协会第 20 届世界建筑师大会上通过，这是国际建筑师协会自 1948 年成立以来唯一的宪章，标志着人居环境学说被世界建筑学界普遍接受和推崇，扭转了长期以来西方建筑理论占主导地位的局面。国际建筑师协会前主席斯古塔斯称该宪章为"国际建筑师协会历史上具有里程碑意义的篇章"。

在 90 多岁高龄时，吴良镛仍坚守在讲台上。他提倡"治学要把为学和为人紧密结合"，为我国城乡建设领域培养了大批骨干人才，谱写了"为党育人，为国育才"的生动篇章，他的教学思想和学术理念深刻影响了一代代学者。

为表彰吴良镛的杰出贡献，2016 年国际小行星中心将国际编号为 9221 号的小行星永久命名为"吴良镛星"。

如今，拥有着 60 多年党龄的吴良镛始终坚持不懈地践行着入党誓言。正如他在自传里所言，"我虽然人生九十，但仍然不懈追求，追求国家富强，社会和谐，环境健康，人民宜居"。

　　闵恩泽（1924—2016），石油化工催化剂专家。1980年当选为中国科学院学部委员（院士），1994年当选为中国工程院首批院士。主要从事石油炼制催化剂制造技术领域研究。20世纪60年代成功研发磷酸硅藻土叠合催化剂、铂重整催化剂、小球硅铝裂化催化剂和微球硅铝裂化催化剂的生产技术；七八十年代领导了钼镍磷加氢催化剂、一氧化碳助燃剂等的研制、开发、生产和应用；1980年以后，指导开展新催化材料和新化学反应工程的导向性基础研究；90年代进入绿色化学领域，指导化纤单体己内酰胺绿色生产成套新技术的开发，取得重大经济效益和社会效益。1995年获首届何梁何利基金科学与技术进步奖，2005年获国家技术发明奖一等奖，2007年获国家最高科学技术奖。1980年加入中国共产党。

闵恩泽：
国家需要什么，我就做什么

晋浩天

　　"把自己的一生跟国家建设和人民需要结合起来，这是我最大的幸福。"

　　　　　　——闵恩泽（摘自2008年1月9日的《光明日报》）

1948 年 3 月，大学刚毕业的闵恩泽登上去往美国的邮轮，途中切身感受到中国人被歧视的滋味，一股因屈辱而产生的愤懑充塞着他那颗热血沸腾的心。

8 年后，在美国取得博士学位并已工作的闵恩泽，毅然放弃优裕的生活，冲破重重阻挠，终于回到祖国，并迅速来到石油工业部北京石油设计局工艺室研究组工作，投身新中国的石油炼化事业。

"闵先生回国时，新中国刚成立不久，百废待兴，百业待举。而石油炼制工业生产迫切需要催化剂。研制和生产炼油催化剂的任务，就落在了他的肩上。"中国工程院院士、石油化工科学研究院原院长李大东深情回忆道。

闵恩泽常说："国家需要什么，我就做什么。"归国之后的 10 余年时间里，他急国家所急，带领团队白手起家，打破国外封锁，成功研发磷酸硅藻土叠合催化剂、铂重整催化剂、小球硅铝裂化催化剂和微球硅铝裂化催化剂的生产技术，解决了国防之急、炼油之急。因种种突出贡献，闵恩泽也被誉为我国炼油催化应用科学的奠基人。

1980 年 4 月，闵恩泽加入中国共产党，同年 8 月当选为中国科学院学部委员（院士）。此后，闵恩泽还提出了"新催化材料是创造发明新催化剂和新工艺的源泉，新反应工程是发明新工艺的必由之路，新催化材料与新反应工程的集成往往会带来集成创新"的见解。他主持开展新型分子筛、非晶态合金等新催化材料，以及磁稳定流化床、悬浮催化蒸馏等新反应工程领域的导向性基础研究，取得多项重大突破，为中国石油化工技术赶超世界先进水平奠定了基础。

1993 年，闵恩泽当选为发展中国家科学院院士；1994 年当选为中国工程院首批院士；1995 年获首届何梁何利基金科学与技术进步奖；2005 年获国家技术发明奖一等奖；2007 年获国家最高科学技术奖；2010 年 9 月 23 日，国际小行星中心发布公报，将国际编号为 30991 号的小行星永久命名为"闵恩泽星"。

20 世纪末，年近八旬的闵恩泽高瞻远瞩，倡导发展绿色化学与化工。他主持的"环境友好石油化工催化化学与化学反应工程"项目推动了我国绿色化学研究的广泛开展。进入 21 世纪，闵恩泽成功开发了近临界醇解制备生物柴油生产新工艺，还与中国科学院合作进行了微藻生物柴油成套技术的开发。

闵恩泽不仅在科研方面取得了诸多开创性的重大成果，更是科学精神的倡导者、实践者和传播者。他几十年如一日，密切关注世界石化科技的动态和走向，撰写专著，以自身科技人生的真实感受，激励年轻一代创新奉献。他淡泊名利，拿出 500 余万元积蓄设立"闵恩泽能源化工奖"及多项奖学金，鼓励、培养年轻人。

"在闵先生心里有两点是至高无上、神圣无比的，那就是国家的自强、民族的自尊。正是这种志气，促使他和一批科技人员，历时 30 年，为中国的石油化工开拓出了一片自主创新的天空，使中国人从此在世界石油化工领域扬眉吐气、抬头走路了。"李大东说。

李俊贤（1928—　），化工合成专家。1995年当选为中国工程院院士。曾任黎明化工研究院总工程师、院长。长期从事高性能燃料及聚氨酯研究，是我国火箭高性能燃料领域的开拓者之一、我国聚氨酯工业的奠基者之一。先后主持参与 60 余种固体、液体高性能燃料的研制，这些燃料成功应用于 50 余项武器型号和国家重点工程。获全国科学大会奖 2 项、国家科学技术进步奖 2 项、国家技术发明奖 1 项。获"全国先进工作者""全国优秀科技工作者""全国优秀共产党员""全国道德模范"等荣誉称号。1956 年加入中国共产党。

李俊贤：
为国家争口气

陈海波

"我是党和国家培养起来的，我觉得为国家强大贡献自己的力量，是最有意义的。"

——李俊贤

为火箭升空研制高性能燃料的李俊贤，在 90 岁高龄时决定自己再做一次"高性能燃料"——帮助培养更多俊贤之才。2018 年，这位为国奉献了一辈子的老科学家，与夫人一起，以普通共产党员的名义捐出毕生的大部分积蓄，设立了创新基金和帮扶基金。

"能培养更多的人才，帮助更多的困难职工，这是我们更大的福气。"李俊贤坦言。一辈子执着于科技报国的他，深知创新之艰难、人才之可贵。

20 世纪五六十年代，我国提出高性能燃料研制任务。高性能燃料是火箭的动力源，有了高性能燃料，才能让火箭升空，才能送卫星进入太空。当时，西方国家扬言中国搞不出来大功率火箭。正是那个时候，李俊贤加入了高性能燃料研制队伍，与同事们反复摸索试验，成功研制出了特殊高性能燃料。

1966 年，李俊贤远赴青海，在一个山沟里筹建黎明化工厂，承担制备我国第一套高性能燃料装置的重任。化工厂条件简陋，土炕加茅草屋就是李俊贤和同事们抵御高原气候的庇护所。吃的问题更大，高原上气压低，粮食难以煮熟，而且物资匮乏，大家只能靠盐水煮蚕豆、青稞粉填肚子，李俊贤因此得了严重的胃病。

但是，没人退缩。"那个时候，一般见到面不谈困难，谈什么呢？大家就是说（任务）完成没有，主要就是想怎么样把国家急需的东西搞出来，都希望越快越好，为国家争口气。"李俊贤回忆。

"为国家争口气"这个信念支撑着他们克服一切困难，仅用一年半时间就实现了我国第一套火箭高性能燃料的投产。1970 年，该高性能燃料助力我国第一颗人造卫星——东方红一号成功升空。当《东方红》乐曲在太空响起时，举国为之振奋。首次出场的长征一号火箭运载能力位列世界第三，仅次于苏联和美国。如此强大的运载能力，高性能燃料功不可没。

解决了火箭高性能燃料的问题后，李俊贤又接到一个重要任务——为新一代鱼雷研制高性能燃料。有人提出先用国内已生产的硝酸异丙酯作为鱼雷的高性能燃料，但中国鱼雷会因此比世界先进鱼雷落后一代。

"要搞就要搞世界一流的！"李俊贤坚定地提出。随后，他带领团队成功研制出"796 燃料"。相比硝酸异丙酯，"796 燃料"可以使鱼雷的航程、航速提升一倍以上。此后，他与同事又研制出了用于卫星和飞船增速入轨以及神舟系列飞船升空的高性能燃料。

在同事们眼里，李俊贤是一个"格局非常大"的人。"他给你讲问题的时候，都是讲我们要解决国家层面的问题，不能受制于人。"有同事如此评价李俊贤。

20 世纪 80 年代，"万能塑料"聚氨酯在国外已广泛用于汽车、建筑、家电、家具等行业，但国内由于技术所限，只能依靠进口。聚氨酯关系国计民生，绝不能受制于人。李俊贤组织开展科研攻关，带领团队从原材料、助剂到制品、生产工艺等多方面开发出几十种技术，摆脱了对国外技术的依赖，为我国聚氨酯工业的发展奠定了基础。

"如果国家需要，我们就做"，这是李俊贤 70 多年科研生涯里一以贯之的坚持。因为这种坚持，李俊贤年过九旬后依然关注科研最新动态，关心青年科技工作者的成长，希望培养更多人才，"把我们的整个事业往前拉一步"。这也正是他捐资设立创新基金和帮扶基金的初衷。

"作为科技工作者，一定要理解自己肩上沉重的担子，努力工作，创新不止，造福国家。"这是李俊贤的自勉，也是他的希冀。

任继周（1924— ），草地农业科学家。1995年当选为中国工程院院士。中国草学会资深顾问，曾任国际草原学会常设委员会委员等职务。创立了草原气候-土地-植被综合分类法，该分类法为当前世界唯一适用于全球的草地分类系统；创立了评定草原生产能力的新指标"畜产品单位"；提出了草原季节畜牧业理论；提出的时间地带性、系统耦合、系统相悖理论，为草业科学开辟了研究新领域；在国内率先开展农业伦理学与农业系统发展史研究；等等。获国家科学技术进步奖二等奖和三等奖；2009年获"新中国成立60周年'三农'模范人物"荣誉称号。2019年获新中国成立70周年"最美奋斗者"荣誉称号。1956年加入中国共产党。

任继周：
奋斗的动力就是要回报社会

金振娅

"从社会舀取一瓢，就要回馈社会一桶。我奋斗的动力就是要回报社会。"

——任继周

98 岁的任继周，素来将自己比作"草人"。

他常常教育年轻党员和自己的学生，要俯下身子做一个平凡的草原工作者，站在改善人民群众营养结构的高度，以发展草业为己任。

有人曾问任继周，一辈子做草业，辛苦吗？他的回答是："搞科研哪有不辛苦的，怕苦就别干这一行。"

拥有 60 多年党龄的任继周认为，艰苦奋斗是共产党员的基本品质。多年来，他始终保持着优秀共产党员的政治本色，践行着为人民服务的根本宗旨。回报社会，一直是任继周的人生信条。

任继周回忆，少年时代经历了国家蒙辱、人民蒙难的艰难时期，彼时他暗下决心，要为民族富强而奋斗。1943 年，他以"改善中国人的营养结构"为目标，在大学选择畜牧兽医专业，毕业后毅然选择了条件艰苦的甘肃，受聘于国立兽医学院，从此与草原结下了不解之缘。

作为我国现代草业科学的奠基人之一、我国首位草原学博士生导师、首位草业科学领域中国工程院院士，任继周为推动我国草业科学发展、西北生态环境保护和高等教育事业进步做出了卓越贡献。

他率先在我国开展高山草原定位研究，建立了一整套草原改良利用理论体系和技术措施；创立的草原气候-土地-植被综合分类法，至今仍为世界唯一适用于全球的草地分类系统；提出的草原生产能力评定指标——畜产品单位，被国际权威组织用以统一评定草原生产能力……

任继周总是说，每天都感觉时间不够用，还想要多发一份光和热；每个人都踏踏实实工作，我们国家就有希望。

他不忘初心，扎根西北 70 多年：长期致力于推动草业科学理论研究、传播和应用，牵头创办的《草业科学》《草业学报》被确定为中文核心期刊；创办了我国高校的第一个草原学系，主持制订了我国第一个全国草原本科专业统一教学计划和研究生培养方案；创建了草业科学专业"草原学""草原调查与规划""草原生态化学""草地农业生态学"等多门课程；先后捐资 300 万元，设立"任继周草业科学奖励基金"，用于奖掖后学。

90 岁之后，任继周因身体原因不能再去做田野调查，但仍笔耕不辍，积极组织编写了《中国农业系统发展史》《农业伦理学史料汇编》《中国农业伦理学导论》等著作，开创了中国农业伦理学研究的先河。2007 年至今，他几乎每年都有新作问世。

多年来，任继周曾获多种奖项，在新中国成立 70 周年之际，95 岁的他获得"最美奋斗者"荣誉称号。

任继周用自己的实际行动，生动地诠释着一名共产党人的家国情怀，激励和带动广大科研工作者，为了实现民族富强而砥砺前行！

孙永福（1941— ），铁路工程专家。2005年当选为中国工程院院士。长期从事铁路建设技术和管理工作。1984年担任铁道部副部长后，主持研究铁路建设管理体制改革和项目决策体系，提出按系统工程建设铁路大通道的规划设计新理念。主持建成大秦、京九、南昆、宝中铁路以及衡广、兰新复线等重点工程项目。主持重大科技攻关，总结了我国山区铁路建设的成套新技术，研制出大秦铁路重载运输成套设备；组织高速铁路技术研究，制定了有关标准规范。2001年后，主持青藏铁路建设，为把青藏铁路建成世界一流高原铁路做出了重大贡献。获国家科学技术进步奖特等奖等奖项。1960年加入中国共产党。

孙永福：
决不辜负党和人民的期望

金振娅

"我从内心感恩党和人民的培养和教育，这鞭策着我一辈子跟党走，一辈子为人民服务。"

——孙永福

至今，孙永福还珍藏着来自唐古拉山的雪水和泥土，那是建设者们在海拔5072米的青藏铁路唐古拉山垭口专门采集送给他的，弥足珍贵。

作为一名青藏铁路建设的亲历者、奉献者和指挥者，和铁路打了一辈子交道的孙永福回忆起过往，仍激动不已。

59岁初上青藏高原会怎样？孙永福的记忆依旧清晰。那还是2000年，在海拔4500多米的沱沱河兵站，一下越野车，他瞬间感到，脚像踩在棉花上一样，走起路来摇摇晃晃。

因为血氧饱和度过低，2004年10月，孙永福在检查一座桥梁工程时，忽然虚脱乏力。当时，天空飘着雪花，豆大的汗珠却一下子从额头冒了出来。"那一次，才知道人在濒死状态下在想什么，觉得自己这回扛不过去了。"他回忆道。

孙永福已经记不清在青藏高原上经历了多少次类似的危险情况。修建铁路的5年时间里，他带头践行"挑战极限、勇创一流"的青藏铁路精神，以花甲之龄到工程现场跑了50多趟，频繁往返于北京、西宁、格尔木和拉萨之间。

修建被誉为"天路"的青藏铁路，曾是几代中国人的梦想。但修建"天路"绕不过"多年冻土、高原缺氧、生态脆弱"这三大世界性工程技术难题。孙永福接到任务后，只说了一句话："青藏铁路举世瞩目，使命光荣，责任重大，决不辜负党和人民的期望！"

青藏铁路沿线地区的氧气含量为平原地区的50%~60%，建设队伍不仅要上得去，而且要站得稳、干得好，这是修建青藏铁路要解决的首要问题。为此，孙永福组织研究建立了完善的医疗卫生保障体系，创造了大群体高海拔施工"零死亡"的奇迹。

为了解决多年冻土和生态脆弱的问题，孙永福改变了过去"盖被子保温"

的被动方式，从调控辐射、对流、传导等方面入手来冷却地基，保持工程结构稳定，创造了多年冻土铁路开通运营速度 100 公里/时以上的纪录。他要求所有施工队科技环保，建成了野生动物迁徙通道，成功研发了高原植被恢复再造技术等。

2004 年 7 月，首批藏羚羊顺利通过可可西里楚玛尔河五北大桥的桥下通道，形成了铁路与野生动物和谐共处的生动景象！

依靠科技创新，孙永福以全局、整体、动态的视角，交出了一份战略科学家的优异答卷。2006 年 7 月 1 日，青藏铁路全线通车，西藏不通铁路的历史宣告结束，诸多世界之最就此诞生：最长的高原铁路、海拔最高的高原铁路、穿越冻土里程最长的铁路……

众望所归，2008 年，青藏铁路工程荣获国家科学技术进步奖特等奖。

灯树千光照，花焰七支开。在孙永福八十寿辰的那天，他收到来自中国工程院的贺信："您是中国铁路建设的领军人，学铁路、修铁路、管铁路，川黔、贵昆、成昆让天堑变通途，大京九让老区共圆发展梦。您是中国铁路改革的实践家，推动铁路企业上市，非运输企业脱钩，开启我国由铁路大国向铁路强国迈进的步伐！"

"如今，我国完全可以自主设计建造不同速度等级、不同地域环境的高速铁路，从时速 200 公里到 350 公里，从热带直至寒带，包括大风沙地带，这在世界绝无仅有。"有着 60 多年党龄的孙永福由衷地感慨。

翟光明（1926— ），石油勘探专家。1995年当选为中国工程院院士。首批参加新中国在大西北开展石油地质调查的工作人员之一，玉门油田最早的设计者和执行注水方案者，大庆、胜利、四川、大港、辽河、河南和陕甘宁等油田会战的组织者和参加者，渤海湾盆地复式油气聚集区地质规律研究及应用成果的主要完成者之一。获全国科学大会奖，国家科学技术进步奖特等奖、二等奖等奖项。1991年获得全国五一劳动奖章。1955年加入中国共产党。

翟光明：
为祖国"加油"，为民族"争气"

杨　舒

"党和国家的召唤，就是我前进的方向，指引着我不断攻坚克难、永不停歇。"

——翟光明

1988 年 12 月 3 日，陕西长庆油田，第一口科学探索井"陕参 1 井"响声隆隆。

一股强大的天然气气流挣脱大地的束缚，喷涌而出，霎时映红了天空。

井场沸腾了，在场的人一起跳跃欢呼，"成了！终于成了！"开钻近 11 个月，得知这一喜讯的翟光明激动得眼角泛泪。

而就在一个月后，他组织研究选定的科学探索井"台参 1 井"历经一年多的艰难钻探，喜获工业油流，鄯善新疆吐哈油田得以发现。此后，温米、丘陵、丘东、红连等油气田相继被发现，揭开了新疆吐哈油田大规模勘探开发的序幕。

"石油勘探是有科学根据地冒风险。"这是翟光明坚信的原则。20 世纪 80 年代，随着改革开放，我国经济建设快速发展，国内油气产量亟须扩大，但石油新增探明储量增长缓慢，继续寻找新的战略资源接替区势在必行。

1986 年，翟光明提出了钻探科学探索井的建议。

"一口科学探索井，可打开新篇章。"翟光明的同事高度评价他的这一探索。科学探索井的成功，展现了我国油气勘探的潜力和新希望。

翟光明是新中国第一批油气勘探工作者之一。19 岁那年，他考上了北京大学地质学系。1950 年夏季，大学毕业的翟光明进入了石油勘探行业。他的第一站是大西北的第一个油田——老君庙油田，从事野外石油地质调查。

"远看像是逃难的，近看像是要饭的，仔细一看原来是搞勘探的。"以前地质勘探行业流传着这样的调侃。西北的天气说变就变，刚刚还阳光明媚，下一刻就天昏地暗、大雪纷飞，细碎的沙石被风裹挟着打在脸上，下雨时泥沙浸湿半截裤管……

"党和国家培养了我，我必须用自己所学报效国家，多为国家寻找些石油出来。"1955年2月，翟光明光荣地加入中国共产党。生活的苦、身体的累从未压倒过翟光明，他鼓足了劲向前冲：白天看地面露头，丈量地质剖面，绘制地质构造，饿了常常玉米和红薯就是一餐，困了就席地而卧；晚上则在篝火旁做记录。

此后的多年里，翟光明的足迹遍及酒泉、四川、松辽、渤海湾、准噶尔、陕甘宁、塔里木、柴达木等全国大中盆地，他先后参与了大庆、胜利、大港、华北、辽河等油田以及四川等地区石油的整体勘探部署和组织实施。

但石油勘探之路怎会一帆风顺？

石油深埋地下，看不见、摸不着，与艰苦的条件相比，最让勘探队员们难以承受的是——打出空井。这样的失败翟光明经常遇到。

有人问翟光明，"既然遇到过那么多次失败，就真的从没想过放弃吗？"翟光明永远都是坚定地说："从来没有！你放弃了，那就真的是彻底失败了！""搞勘探，必须要有坚定的信念。"

如今，鲐背之年的翟光明仍在坚持工作。

为什么对找油这么执着？

翟光明说："自力更生，多产油气，贫油国的帽子给中国不是不太合适，是根本不合适！"

"找油！找油！为祖国'加油'，为民族'争气'！"当年翟光明大学毕业向大西北进发，就是带着这一信念，永不停歇。

山仑（1933—　　），作物生理学和作物栽培学专家。1995年当选为中国工程院院士。我国旱地农业的学术带头人。提出了黄土高原综合治理及发展旱地农业生产的若干新论点；开拓了旱地农业研究的生理生态学领域，证明了有限水分亏缺对作物的补偿效应，为发展节水农业提供了有力根据；提出了作物对多变低水环境的适应及调节这一新概念，并研制出国内外首创的，使作物生理活性和抗旱性得到一定程度结合的新型抗旱剂，被认为是基础研究与开发应用相结合的成功范例。获何梁何利基金科学与技术进步奖等奖项。1953年加入中国共产党。

山仑：
用所学知识托起黄土地上的新曙光

陈　鹏

"一辈子哪怕只干好一件事，就不辜负党和人民对自己的长期培养。"

——摘自《山仑传》

1949 年 6 月 2 日，青岛解放了，在夹道欢迎解放军的人群里，有一位名叫山仑的高中生。他期盼的是一个平等、公正、没有剥削、没有压迫的新社会。他经历的动荡时代和接受的进步思潮，让他较早地懂得了，这样的新社会只有在中国共产党的领导下才能建成。

1950 年夏，山仑高中毕业，考入设在青岛的山东大学农学院农学系，成为新中国成立后的第一批大学生。

大学毕业后，山仑被分配到中国科学院工作。在进院之初的集训中，他见到了钱三强、竺可桢、贝时璋等老科学家。他回忆，"那时起，就接受了有关树立科学精神、勤于动脑、善于动手、勇于创新的科研工作启蒙教育"。

集训结束后，山仑接受了二次分配，他和其他 12 个毕业生被分配到位于西安的中国科学院西北分院，进入正在筹建的中国科学院西北高原生物研究所工作。

1958 年，山仑迎来了人生中第一个重大转折。他被国家选派到苏联留学。留学期间，山仑不仅在专业知识领域受益匪浅，更重要的是培养了独立思考的科学态度。

考虑到祖国正处于困难时期，回国前，山仑把留学期间节省下的三分之一的生活费上交给组织，自己只买了些塑料制品和糖果，一起带回国的，还有朋友祝贺他论文通过而送来的一台普通照相机。

回国后，山仑多次参加黄土高原实践考察，对"干旱"和"贫穷"的思考，使他逐步确立起旱地农业的研究方案，荒山秃岭的大西北印在了他的眼里，刻在了他的心上。

1965 年春，山仑和同事们前往山西省离石县（现吕梁市离石区）科技下乡。那年，整个黄土高原地区遭遇严重干旱，八九月秋作物生长期间的降水量仅为正常年份的三分之一，按照常理，收成必然要遭遇大面积减产。但是，他们采取了扩种抗旱作物、适时早播、担水点浇、增施肥料等措施，当年的收成仅略低于正常年份。此次科技下乡的经历，成为山仑踏上旱地农业研究之路的起跑点。

作为最早的科技副职下乡干部，1980年底，山仑被任命为宁夏固原县委副书记。在西海固的十年里，年过半百的山仑主持了多项国家级和省部级攻关课题，在固原和彭阳两县建立了3个试验示范区和17个科研试验点，沿着"退耕、改制、种草、还牧"的方向，探索着旱地农业良性生态体系的新路子。

千百年来，生活在黄土高原上的百姓饱受旱灾肆虐之苦。而今有这样一位院士，用科学武器挑战"旱魃"：山仑开拓了旱地农业研究的新领域，探索出了旱地农业增产新路子。他所从事的旱地农业生理生态学领域的研究，改变了作物的用水方式，缓解了人类面临的水资源危机，为发展节水型农业开辟了广阔前景。

在一场与大学生共话科学精神的座谈会上，山仑畅谈了对人生、对科学的理解和感悟。"不贬低、不拔高、不唯亲"是他对科研工作者基本素养的概括，也体现出他正直的科研作风和实事求是的科研精神。他还说："青年是祖国腾飞的支柱，只有青年奋发努力，坚定马克思主义信仰，中华民族的伟大复兴才可得以实现。"

陈厚群（1932— ），水工抗震专家。1995年当选为中国工程院院士。我国水工抗震学科奠基人和开拓者。在混凝土坝的抗震加固理论和解决重大水利水电工程的抗震关键问题方面做出了创造性贡献，解决了三峡、溪洛渡、新丰江、二滩、小浪底等重大水利水电工程的抗震安全问题。主持编制和修编了《水工建筑物抗震设计规范》等多部规范，负责建置我国第一座大型三向六自由度模拟地震振动台，在唐山大地震、汶川大地震等重大自然灾害中为国家决策提供关键技术支撑。获何梁何利基金科学与技术进步奖、光华工程科技奖等奖项。获"最美水利人""最美科技工作者"等荣誉称号。1956年加入中国共产党。

陈厚群：
只要祖国需要，我随时准备出发

张　云

"从年轻时到现在，建设一个伟大强盛的祖国是我一生的夙愿。只要祖国需要，我随时准备出发。"

——陈厚群

头戴安全帽，身着冲锋衣，2011 年，一位身形高瘦、年近八旬的老人一头扎进南水北调工程的现场。

一丝不苟地倾听作业人员的汇报，精益求精地进行质量检查和技术指导，此后数年间，作为南水北调工程专家委员会主任的陈厚群，就这样 50 多次带领专家团队跑遍工程的每一个现场，保障一泓清水向北流。

"功在当代，利在千秋。"谈到南水北调工程，陈厚群颇为自豪，"数十万建设者矢志奋斗，攻克一个个世界级难题，书写了集中力量办大事的生动实践。东线、中线一期主体工程通水以来，累计调水 400 多亿立方米，直接受益人口达 1.2 亿[①]，这是很了不起的事情。"

成长于动荡的旧社会，建设一个伟大强盛的祖国是他毕生的夙愿。1950 年，陈厚群考入清华大学土木工程系，两年后被公派至莫斯科动力学院留学。在此期间，他光荣地加入中国共产党，成为留苏学生中的第一批党员。

1958 年，以全优成绩毕业的陈厚群婉谢导师挽留，义无反顾地返回祖国。他说："当时我觉得，我们年轻人应该赶快奔向祖国的建设，不能辜负国家和人民的培养。"回国后，他立刻投身于"一五"计划建设的热潮中，并主动申请到桓仁水电站锻炼。

从此，陈厚群的人生与祖国的江河湖海紧紧相连。

1959 年，广东省新丰江水库蓄水后，频繁发生地震。这是国内首次遇到水库地震问题。陈厚群临危受命，负责筹建水工抗震研究团队。然而，摆在他面前的是全新的交叉学科问题，几乎没有任何基础的他感到很困难，也很焦虑。

国家需要，唯有迎难而上。边干边学，陈厚群针对新丰江水库地震开展的

[①] 截至 2022 年 1 月 7 日，南水北调东线、中线工程累计调水量突破 500 亿立方米，受益人口达 1.4 亿。

相关研究开启了我国系统研究大坝抗震安全的先河。

60 余年间，他担纲制定了我国首部水工建筑物抗震设计规范和国家标准，创建了国内外唯一集理论、分析和设计为一体的高坝抗震学科和人才培养体系，在水工结构抗震理论、分析方法和工程应用等方面取得了多项领先成果，成果广泛应用于"一带一路"沿线国家的水库大坝抗震安全设计中。

回顾这段往事，他说："我们共产党人开始也不知道怎么打仗，但是从战斗中学习战斗，最后取得了胜利！"

"地震就是命令"，陈厚群一直保持着一名抗震老兵的本色。1976 年，唐山大地震发生后，他立即主动请缨直奔陡河水库震害现场，连夜起草报告上报国务院；2008 年汶川大地震，他作为抗震救灾专家委员会成员，到现场深入调研分析。

80 岁时，他再次出任三峡枢纽工程质量检查专家组组长，带领专家组数十次深入工程现场，提出数百条建议，保障了三峡工程安全高效的建设与运行，其中仅三峡升船机的抗震设计等级这一条建议，就为国家节省了十几亿元。

"新中国成立前，全国的装机容量总共才 58 万千瓦。现在我们三峡一个机组就 70 万千瓦了！"站在高坝的坝墩上，陈厚群无限感叹，"我们现在可以说是当之无愧的世界高坝建设大国了！"

2020 年，陈厚群荣获"最美科技工作者"称号。当被问到如何评价自己的这些年时，他说了四个字——"追梦人生"。

为践行建设一个伟大强盛的祖国的初心，耄耋之年的他仍在追索。

汪应洛（1930— ），管理科学与管理工程专家。2003年当选为中国工程院院士。我国管理工程、系统工程和工业工程的学科带头人，我国管理工程学科第一位博士生导师和博士后流动站导师。在国内率先运用系统工程的理论和方法参与完成山西省能源重化工基地发展战略的研究；完成三峡工程综合经济评价及决策支持系统研究等，该研究被认为是20世纪80年代我国系统工程应用的重大成果；提出企业柔性战略概念和实现战略一体化管理观点并加以实施。获光华工程科技奖、系统工程终身成就奖等奖项。1952年加入中国共产党。

汪应洛：
科学管理是技术，也蕴含治国之道

崔兴毅

"我是新中国培养出来的第一批大学生，我深深地爱着我的祖国。能为国家多培养些人才，看着他们在各自领域发挥出来的作用，我心里异常欣慰！所以，我还会这样走下去……"

——汪应洛

"在几十年的奋斗生涯中，我深刻体会到科学管理乃治国之道。"这是中国工程院院士、西安交通大学教授汪应洛的院士箴言。

1949 年，汪应洛进入交通大学，成为新中国培养的第一批大学生。1956 年，响应党中央支援西部的号召，交通大学几千名师生员工离开黄浦江畔，来到古城西安①。毕业不久的年轻硕士汪应洛也在西迁的大军里。

从此，汪应洛的生命便跟管理工程教育与研究紧紧地连在一起，他成为我国管理工程教育与研究的开拓者、系统管理学科的奠基人和卓越的管理工程教育家。

西安交通大学管理学院恢复建立后，汪应洛在国内最早提出从工程师中培养管理人才，推动了国内培养具有双学位和工商管理硕士高级管理人才的教育路线。他还在国内首先倡导工业工程教育、研究与应用，为我国管理工程和工业工程教育体系的建立以及学科的发展做出了突出贡献。

"在战略思维下，我始终坚持和追求四个方面的结合，即：世界先进的科学管理理论、方法与我国国情的结合；科学管理与工程实践的结合；系统工程与管理工程、工业工程的结合；管理创新应用研究与高层次、实用型管理人才培养的结合。"汪应洛说。

在汪应洛的科研生涯中，令他终生难忘的挑战是长江三峡工程的重大工程决策。"当时国家电力部、水利部、交通部、四川省、湖北省等各方争执不下，各方都有自己的学术支撑力量，国家决定让国家科委组织专家组进行研究。刚刚开始倡导建立模型以定量分析的我们被抽中了，当时明确要求我们给出定量

---

① 1959 年，交通大学的上海部分、西安部分分别独立为上海交通大学和西安交通大学。

分析的结论和方案。"汪应洛对承担如此重任十分激动。

当时，争议非常多，最激烈的是三峡大坝的高程应该是多少。汪应洛带领团队综合各方意见，建立了数学模型，经过多次优化计算，提出坝高185米、蓄水高175米的方案，虽经波折但该方案最终被采纳。同时，针对中国国力能否承受如此重大工程的争议，他们也进行了综合剖析研究，得出了有价值的研究结论。

"系统工程的优化计算和综合权衡的结果表明，三峡工程投资需要1000多亿元，而且不是一次投入，我国的国力是完全可以承受的。"汪应洛说。这一判断随后在三峡大坝的实际建设和运营过程中得到了证明。"由此教学相长，又经过一些重大工程决策的磨砺，我们尝到了甜头，也进一步坚信了科学管理是技术活，有些艺术之境的意味，但也蕴含着深沉的治国之道。"

对于汪应洛的贡献和治学态度，时任中国工程院院长的徐匡迪曾在汪应洛80岁时发来贺词："在您八十华诞之际，谨致热烈祝贺。感谢您为我国工程科技事业发展和国民建设作出的重要贡献。您严谨求实的科学态度、孜孜不倦的学习精神、无私奉献的高尚品格，是我国工程科技界学习的榜样。"

汪应洛的教育成就有口皆碑。在学科成就之外，让汪应洛引以为豪的是他的学生们。他培养了120多名博士生，他们有的获得"中国青年科学家奖"，有的获得国家杰出青年科学基金资助，有的入选"长江学者奖励计划"，多人被评为教授和博士生导师，并成为年轻的学术带头人。

如今，汪应洛仍坚持到办公室工作，考虑最多的依然是如何为国家建设培养更多的高级管理人才，特别是管理学科的学术带头人和优秀企业家。

汪燮卿（1933— ），有机化工专家。1995年当选为中国工程院院士。长期从事炼油和石油化工科技开发工作。主持我国石油组成、油品和添加剂分析研究工作；率先主持开发成功一条炼油与石油化工相结合的新技术路线，完成具有独创性的、处于国际领先水平的技术攻关；主持劣质原油加工的研究开发工作，完成高酸原油直接流化催化脱酸的研究，并实现工业化生产；指导钛硅分子筛的合成应用研究工作，实现有机化工氧化的清洁生产技术应用。获全国科学大会奖2项、国家技术发明奖1项、国家科学技术进步奖二等奖1项。1953年加入中国共产党。

汪燮卿：
我们是临危受命，应该义无反顾

崔兴毅

"咱们现在是力争 2035 年二氧化碳排放达到峰值，党和国家需要的就是我想做的。"

——汪燮卿

"同志们，请开炮吧！"在 1953 年的党员发展大会上，20 岁的汪燮卿以《钢铁是怎样炼成的》一书主人公保尔·柯察金入党时的话语自勉，凭借诚恳的态度和优秀的表现，赢得了组织肯定，以学生身份光荣地加入了中国共产党。博士毕业后，汪燮卿便被分配到了石油化工科学研究院。

"现在高速公路的沥青非常好了，我们不但可以自给自足，还可以出口。"汪燮卿说，国家的变化和进步太快了，这是千百万人千辛万苦共同劳动的结果。

但多年前并非如此，汪燮卿的思绪回到了 1978 年。"那时我在干什么呢？"汪燮卿回忆道，自己那时在研究"路和油"的问题。当时，由于沥青性能差，柏油马路是夏天流油、冬天龟裂。他的任务是分析大庆油田的原油能不能用来生产高速公路的沥青，用哪个油田的原油生产沥青好。

从 20 世纪 80 年代开始，由于相继发现了多个油田，我国石油供应实现了自足，并且还有富余。当时国家提出要"用好我国的一亿吨原油"。可我国生产的原油轻、组分少，难以兼顾汽油、柴油的生产供应和为石油化工提供原料，解决问题的唯一办法就是用重质原油生产乙烯和丙烯。这项技术的开发对国民经济的发展意义重大。

1986 年，时任石油化工科学研究院副院长的汪燮卿被委以重任，主持开发重质油生产轻质烯烃这个重大课题。

"重质油生产轻质烯烃，这就是走中国的科技发展道路。因为我们的原料性质、市场需求决定必须开发这个新技术，它是我们结合中国实际情况来自行开发的一个技术。"汪燮卿说，"某种程度上，我们是临危受命，应该义无反顾。"

他担任了这一重大科研课题的攻关组组长和技术总负责人，组织、主持并亲自参与了深度催化裂解（DCC）以及配套催化剂等一系列科技攻关工作。

创新研发的过程并非一帆风顺。"有生产技术的专家、工程设计的专家、工艺开发的专家，也有催化剂生产研究的专家，大家凑不到一起去，吵得一塌糊涂。"汪燮卿说，每当争执得不可开交的时候，他都让大家先冷静下来。在汪燮卿看来，"挑毛病不难，但如果能把每个人的优点收集起来，形成完整的东西，就是很好的果实，就是我们前进的基础"。

随着原油价格的不断上涨，高酸原油加工存在巨大的经济价值。当大家开始开展此项技术研究时，才发现汪燮卿与他的博士研究生早已提出了高酸原油加工技术方案，按照此方案进行工业试验和生产，很快就产生了经济效益，该方案获得了中国石化科学技术进步奖一等奖。但获奖证书上，并没有汪燮卿的名字。

提及此事，他笑笑说："我的想法有用就好。"正是这种低调、谦虚的性格，加上韧劲和坚持，让汪燮卿带领他的团队攻克了科学技术方面一个又一个的难关。

DCC 项目获得成功后，汪燮卿又根据市场需求，主持开发了一系列催化裂化新技术，并不断充实完善。DCC 等技术得到了广泛应用，取得了良好的经济效益，因而被誉为"催化裂化家族技术"。

如今，80 多岁的汪燮卿依然关注着能源行业的发展，他心系家国，特别关注碳中和问题。汪燮卿说："在开发新技术时，能源利用效率和排放都要好好考虑，这样才能够决定这个技术的开发有什么优越性、有什么局限性，看准了，我们才能少走弯路。"

曾恒一（1939— ），海洋石油工程专家。1997年当选为中国工程院院士。中国海洋石油集团有限公司副总工程师，国家能源深水油气工程技术研发中心主任，国家能源专家咨询委员会委员。作为海洋工程技术领域的开拓者之一，1989年被授予"中国工程设计大师"称号，为我国海洋油气开发工程、重大工程装备设计及深水技术的突破做出了贡献。主持设计的我国第一艘新型单点系泊浮式生产储油船（FPSO）"渤海友谊号"获国家科学技术进步奖一等奖，被评为"中国十大名船"之一。主持我国第一艘3000米深水半潜式钻井平台"海洋石油981"的前期研究与概念设计。1961年加入中国共产党。

曾恒一：
为中国的海洋石油事业多做一点工作

杨 舒

"尽管我现在是'80后'了，但我愿意在有生之年尽我所能，为中国的海洋石油事业多做一点工作。"

——曾恒一

南海湛蓝的海面上，一座长 114 米、宽 78 米，约 45 层楼高的钢筋铁塔巍然矗立，泛着耀眼的橙色。这个面积相当于一个标准足球场大的海上平台正是我国首座深水半潜式钻井平台"海洋石油 981"。

作为它的前期研究者与概念设计者，曾恒一怀着蔚蓝的情怀，践行初心使命，将自己的满腔热血都付予了崇高的中国海洋石油事业。

1956 年，曾恒一考入交通大学造船系，随后被分配到上海第 708 所工作。1961 年 8 月，22 岁的他积极要求进步，正式成为一名共产党员。3 年后，年仅 25 岁的曾恒一初担大任，主持设计建造了我国第一艘 250 立升大型采金船。这艘船的成功建造，成为他的一个"金色"开端。

20 世纪 70 年代初，我国海上勘探装备几乎为零。1973 年，他主持设计建造了我国第一艘导管架下水大型工程驳船。当时，参考资料奇缺，他和团队一道，对实物模型进行精确试验分析和详细数据计算，一举解决了关键难题。

1974 年，石油工业部决定建造 10 条新钻井船。这是中国海洋石油勘探史上划时代的工程，而这一工程正是由曾恒一主持的。在大连造船厂，"渤海三号""渤海五号""渤海七号"等多艘钻井平台同时开工。曾恒一既是设计主持人，又是驻厂监造代表，在大连，他一待就是整整 10 年。"渤海五号""渤海七号"的主要性能达世界先进水平，获国家科学技术进步奖二等奖。

为了更好地向深海要能源，曾恒一创新的脚步没有停歇。

1986 年，他主持我国第一艘 FPSO "渤海友谊号"的设计建造项目，创新性地提出了一系列方法和概念，在世界上首次将大型 FPSO 用于冰区海域和浅海海域。"渤海友谊号"于 1989 年 7 月圆满完工，后被评为"中国十大名船"之一。他因此被授予"中国工程设计大师"的称号，还获国家科学技术进步奖一等奖。

我国南海深水蕴藏着丰富的油气资源，自主研制超深水钻井平台是保障国家能源安全的战略选择，更是捍卫国家领海主权的重要使命。

2006 年，67 岁的曾恒一勇挑重担，主持了我国第一艘，也是当时世界最先进的第六代 3000 米深水半潜式钻井平台"海洋石油 981"的前期研究与概念设计，首次建立了考虑南海内波流等特殊灾害环境条件的超深水半潜式钻井平台设计技术体系，创新性地提出了针对中国南海环境条件的钻井平台新船型设计方案，平台综合技术指标世界领先。如今，"海洋石油 981"平台已发现陵水 17-2 等多个深水大型油气田，为创建"深水大庆"奠定了坚实基础。该平台获 2014 年度国家科学技术进步奖特等奖（集体奖）。

回首多年来的成就，这位拥有 60 多年党龄的老党员说："科研是一条漫长的道路，而且需要团队协作完成。团队的领队固然重要，但团队中那些默默付出的'无名英雄'更加重要。尽管我现在是'80 后'了，但我愿意在有生之年尽我所能，为中国的海洋石油事业多做一点工作。我目前正带领团队积极推进南海深水温差能开发研究、北极海洋油气资源开发研究、'绿水西输'工程战略研究，把我们团队这些年轻人带起来，为国家做出更大的贡献。"

张锦秋（1936— ），建筑学家。1994 年当选为中国工程院首批院士。主持设计的大雁塔景区"三唐工程"、陕西历史博物馆、西安群贤庄小区获全国优秀工程勘察设计奖、中国建筑学会建筑创作大奖，设计风格被誉为"新唐风"；此后创作领域扩展到城市设计，代表作包括西安钟鼓楼广场、陕西省图书馆、陕西省美术博物馆、黄帝陵轩辕殿、大唐芙蓉园和曲江池遗址公园等。主持设计的陕西历史博物馆与延安革命纪念馆入选"新中国成立 60 周年百项经典暨精品工程"。2001 年获首届梁思成建筑奖，2010 年获何梁何利基金科学与技术成就奖。1960 年加入中国共产党。

张锦秋：
做好一名人民建筑师

詹　媛

"在一个伟大的时代背景下，我坚信要做一个对社会有用的人，要为国家、为民族踏踏实实做一点事情，这是一种基本的人生价值观。"

——张锦秋

　　"到艰苦的地方去，到祖国需要的地方去！"80多岁的张锦秋，每每回忆起1964年在清华大学求学期间，在人民大会堂聆听周恩来总理的报告，仍觉得这号召振聋发聩。

　　如春雷滚过，种子萌芽——张锦秋的心中豁然开朗，身为共产党员，要做好一名人民建筑师，就应该到祖国需要的地方去。两年后，师从建筑大师梁思成、莫宗江的张锦秋，挥别首都北京，来到古城西安。

　　当时，张锦秋正身怀六甲，组织上让她去技术处做科研，安心养胎、看书、做学问。她却要求去一线："国家分配让我参加三线建设，我就要到生产一线、到设计所去！"

　　对国家和人民的深情，让张锦秋一刻也不愿停歇。孩子刚满月，她就投入工作、学习与创作中。在哺乳期，她翻遍《关中胜迹图志》。孩子刚上幼儿园，她就扎入山沟沟开展现场设计。

　　时光流转，一腔热血的建筑学子成长为胸中有丘壑、巾帼胜须眉的沉稳建筑师。张锦秋迎来了她人生中极为重要的建筑项目——陕西历史博物馆。

　　20世纪80年代，陕西历史博物馆建设工程被列为国家"七五"计划重点项目并开始实施。张锦秋的方案从12个方案中脱颖而出——具有宫殿格局的唐风现代建筑，整个庭院采用中轴对称的布局，四角的崇楼簇拥着中央殿堂，体现出了唐代建筑的恢宏和大气，其最大特色还在于，避开了皇家建筑惯用的红墙黄瓦，而是以黑、白、灰为主色调，凸显了中国画"水墨为上"的理念。

　　如今，陕西历史博物馆已成为象征陕西悠久历史和灿烂文化的地标性建筑，建成之时即被联合国教科文组织确认为世界一流水平博物馆，现已入选"首批中国20世纪建筑遗产"名录。

时光荏苒，白驹过隙。如今已两鬓斑白的张锦秋，几十年日日夜夜的心血，化为遍及陕西的"新唐风"——从刚柔相济的"三唐工程"到大慈恩寺玄奘纪念院，从黄帝陵轩辕殿到陕西省图书馆、陕西省美术博物馆、延安革命纪念馆，从"城市客厅"钟鼓楼广场、现代民居群贤庄小区到"梦回大唐"的大唐芙蓉园，从大雁塔南广场、曲江池遗址公园到大明宫国家遗址公园的丹凤门遗址博物馆……

张锦秋创作的一个个优秀建筑作品，凝聚着她深沉的情感，表达了中国传统建筑文化的自信。她不断探索从传统走向现代的创作多元化道路，提出了天人合一的环境观、和而不同的建筑观、和谐建筑的创作观。

2018 年 5 月，在入院治疗期间，张锦秋仍不愿意放下手中的图纸。在病房里，一张带有尺规的 3 号图板上，她用铅笔勾画出扬州中国大运河博物馆的布局与轮廓。后来，她又多次前往江苏扬州，从基地选址、现场踏勘到方案评审、开工建设等，这位 80 多岁的老人没有丝毫松懈。2021 年 6 月，扬州中国大运河博物馆正式开馆，张锦秋坚持要亲临现场，带着相机去"打卡"。

在张锦秋心里，每一座她亲手设计的建筑，都是她的"孩子"。她也在建筑之林中，争得了一个个"第一"——入选首批中国工程设计大师，当选为首批中国工程院土木、水利与建筑工程学部院士，获得首届国家建筑界最高奖项梁思成建筑奖……仰望苍穹，国际编号为 210232 号的小行星以她的名字命名。2022 年 3 月，她还获得了中国城市规划学会终身成就奖。

素手抚过无数图纸，张锦秋初心不改，她为国家、为人民的一片丹心已完全融入了三秦大地。

陈肇元（1931—2020），土木结构工程和防护工程专家。1997年当选为中国工程院院士。长期从事防护结构性能与设计方法的理论与实验研究以及混凝土结构性能的研究，取得的诸多成果被纳入国家设计规范或用于重要工程。在研究推广现代高强、高性能混凝土技术和土钉支护技术，以及编制相应结构设计施工规程的工作中取得显著成绩。晚年主要从事建筑结构安全性与混凝土结构耐久性设计方法的研究，为延长我国土建结构工程的使用寿命，主持编制了多种设计规范等指导性文件。获"北京市科学技术先进工作者""国家有突出贡献中青年专家"等荣誉称号，获国防科工委"献身国防科技事业"荣誉证章。1953年加入中国共产党。

陈肇元：
终其一生致力于土木工程

崔兴毅

"从事工程技术而非单纯从事理论探索的人，更要紧跟时代的需求。"

——陈肇元

广州地铁 1 号线上，通勤出行的人们忙忙碌碌，然而又有多少人知道，这其中的工程地质和水文地质情况有多复杂，为了啃下工程建设这块"硬骨头"，陈肇元又是如何呕心沥血的。

1931 年出生的陈肇元，童年在战火纷飞中度过。面对满目疮痍的城市，他觉得新中国的建设需要大量的土木人才，就毅然报考了清华大学在上海招收的大二土木系转学生。

"国家需要做什么，我就会全身心地投入到什么上去。"

20 世纪 60 年代初，上级安排陈肇元做防护工程方面的研究，他二话不说就开始工作。那时我国对防护工程进行研究主要是为了抵御核爆炸的冲击，减缓冲击波对建筑工程的损害，陈肇元便以此为研究方向，对冲击荷载作用下的力学性能测试展开研究。

陈肇元是土木工程专业出身，研发快速加载和测试技术对他来说是个考验。阅读外文资料、设计和绘制加工图成为他的"家常便饭"。除此之外，他还要到工厂组织安排加工和装配。实验所需的设备零件和高压氮气瓶都是他自己骑三轮车一趟趟来回搬运的，诸如此类，他都亲力亲为。

由于研究急需模拟爆炸荷载作用下的快速加载设备，陈肇元便与课题组的张达成、陶全心一起反复研究。陈肇元画原理图，张达成画机械零件图，一张张图纸"填补"了技术和设备的空白——当时国内无法进行生产，也不具备生产能力，更没有相关的试验介绍。

功夫不负苦心人！

在他们的努力下，以高压气体为动力，加载能力达 5 ~ 200 吨不等的 5 种不同吨位的快速加载试验机陆续研制成功，能够进行工程材料的拉、压试验，这是国内首批模拟爆炸荷载作用下的快速加载设备。

设备研制成功后，他们更是迫不及待地用这些设备做了大量的动力反应试验，取得了许多重大研究成果。之后，我国国防工程、人民防空工程的设计规范和涉及易燃易爆生产厂房仓库等的设计规程中，频频出现他们的成果。

对陈肇元来说，防护工程是他这一生中最关注也是投入心血时间最久的工作，他潜心研究近30年，光是编写内部研究报告就有131份，还主编了全国统一教材《地下防护结构》。而他在防护工程中取得的研究成果，许多在后来的城市化建设中起到了重要的作用。从国防到城市高层建筑，陈肇元一直在土木工程领域辛苦耕耘，填补了许多国内空白，深深影响着我国土木工程的发展。

2020年6月，清华大学土木水利学院的网站上发布了陈肇元离世的讣告，引发国人无尽追思。在清华园的时光画卷里，永远有他留下的这样一幅画面——作为我国土木工程的开路者，陈肇元骑着一辆老自行车，低调地穿梭于教学楼、实验室和宿舍……

裴荣富（1924—），矿床地质与矿产勘查学专家。1999年当选为中国工程院院士。在国内外主持5项重大矿产勘查工程和30余项矿床地质勘探与矿山开采工程验证对比研究，创新性地提出"双控论"和"合理域"固体矿产勘查模型，为指导地质工作做出充分科学论证，并被国际引证。以带头人身份与多国矿床学家合作执行了国家地质对比计划IGCP-354项目。获李四光地质科学奖地质科技研究者奖和多项国家级、省部级科学技术进步奖。获"国际矿床成因协会终身荣誉会员"等荣誉称号。1979年加入中国共产党。

裴荣富：
没有野外，就没有地质

詹 媛

"地质工作不是一代人的事，希望我们的年轻人不忘初心，做不怕苦累的地质'尖兵'，为国家找到更丰富的矿藏。"

——裴荣富

"你们知道吗？我那是火线入党。"

每次提到加入中国共产党的经历，裴荣富都颇为自豪。当时，裴荣富受命领衔国家援外项目，率队赴巴基斯坦和苏丹帮助探查矿藏。

裴荣富在苏丹地质勘探一线光荣入党。他的这次援外也取得了丰硕的成果——探明了 70 万吨铬矿石和 1530 万吨富铁矿工业储量，荣获苏丹能源矿产部锦旗表彰。

"没有野外，就没有地质"，这是裴荣富常对学生说的话，他也身体力行。多年来，他的足迹遍及青山大川，他以实际行动诠释了胸怀祖国、服务人民、勇攀高峰的爱国精神。

支撑裴荣富的，是对祖国的热爱和对地质事业的热情。自幼年时，这份热爱便已扎根在他心中。1924 年 8 月，裴荣富出生于河北秦皇岛一个富足的家庭。父亲早年曾供职于开滦矿务局，是一个思想先进且重视教育的人，这对裴荣富后来的人生方向产生了深远的影响。

及至青年时代，裴荣富更坚定了用脚步丈量祖国大地、用智慧发掘这片土地上的宝贵矿藏的理想。1948 年，从清华大学地学系毕业的裴荣富成为中央地质调查所北平分所的一名实习技术员。

新中国成立初期，百废待兴，为了紧随国家的脚步和需要，裴荣富一头扎进了野外地质工作第一线，立志将自己的一生镌刻在我国矿业工程勘查和科学研究的基石上。勘查一线的历练加上在地质领域的天赋，让裴荣富在短短几年时间里就蜕变为一名具有扎实专业能力的工程师。

1954 年 4 月，他被调到地质部地质矿产司黑色金属处的铁矿组工作，担任主任工程师。刚到黑色金属处工作，裴荣富便一力承担了解决我国五大钢铁基地铁矿资源问题的重任，奔走在河北宣化庞家堡铁矿、四川攀枝花铁矿、海南石禄富铁矿、甘肃镜铁山铁矿、内蒙古白云鄂博稀土矿之间，他不辞辛劳，从不觉苦。

除了奔走于各大矿山之间进行调查，他还负责了太行山东麓铁矿的普查工作，加上之前在东北地质队和中国第一支大型地质勘探队 429 队的锻炼，他掌握了全国大部分矿山的铁矿资料。

只要是国家所需，就一定要做好，这是裴荣富对自己的要求。为此，足迹遍布祖国大地的裴荣富，在大量编图和研究工作的基础上，提出了大型、超大型矿床"偏在性"和"异常成矿"学说。他还首次提出了"大气变态"和"构造圈热侵蚀"等重大地质异常事件，认为大型、超大型矿床与一定地质历史时期出现的全球性重大异常地质事件有关，中、新生代的"构造圈热侵蚀"引发大规模构造岩浆事件是显生宙异常成矿作用的主因。有了这些理论创新助力，我国在南岭有色金属矿、华北地台金矿和滇中铜矿等地区找矿取得突破性进展。

拥有丰富的一线工作经历，加上多年积累的众多创新性理论，裴荣富获得中国地质学研究最高奖——李四光地质科学奖地质科技研究者奖。他随新中国的地质事业而成长，不仅成为一名优秀的共产党员，同时也成长为一名中国工程院院士。

2020 年 11 月，裴荣富捐出毕生积蓄 500 万元，设立了"李四光地质科学奖裴荣富勘探奖"专项基金，以激励后辈取得找矿突破，"我想把多年来的积蓄变成学术奖励基金，以野外地质考察为重点，以矿业国际合作为方向。这点钱不多，但这是我的一点心愿"。

郑守仁（1940—2020），水利水电工程专家。1997年当选为中国工程院院士。从事水利工程设计50余年，先后负责乌江渡、葛洲坝导截流设计、隔河岩现场全过程设计；自1994年以来负责三峡工程设计工作，主持三峡工程单项技术设计、招标设计、施工图设计，为我国水利水电建设和促进科学技术进步做出重大贡献。获国家科学技术进步奖特等奖和一等奖各1项、二等奖2项，国家优秀设计金奖2项、银奖1项；2004年获何梁何利基金科学与技术进步奖，2017年获国际大坝委员会终身成就奖。1964年加入中国共产党。

郑守仁：
坚守三峡的"工地院士"

张 蕾

"作为一名水利人，能参与三峡工程是最大的幸福。只要三峡工程需要我一天，我就在这里坚守一天。"

——郑守仁

出生在淮河边，生长在淮河边，童年时的郑守仁见过洪水肆虐下万劫不复的景象，从小他就立志要当一名水利工程师，解除洪涝灾害对人民生命和财产的威胁。

20世纪60年代初，郑守仁从华东水利学院（后恢复传统校名"河海大学"）毕业后，义无反顾地加入长江水利工程建设者的行列。自此，他长期轮守在多个水利工程现场，并与志同道合的妻子一起，把家安在了陆水、乌江渡、葛洲坝、隔河岩、三峡工程的工地上。

"郑总的家，既小又大：小，18平方米就是最大；大，有河流山川，看得见水电站、大坝。对郑总而言，初心在家就在，使命在家就在。"2020年7月24日晚，在悼念郑守仁逝世的文章《悼念 | 坚守以至仁》中，曾任水利部长江水利委员会副总工程师的刘宁如此动情地写道。

作为一名水利工程师，三峡工程是郑守仁治水生涯的"巅峰之作"。自1994年受命主持三峡工程设计以来，郑守仁在三峡坝区一待就是20多年。但他认为自己是幸运的，一辈子干了一个又一个水利工程，53岁那年终于赶上了梦寐以求的三峡工程。

三峡工程号称"全球一号水电工程"、水电领域"世界级难题"。面对外界种种质疑，郑守仁顶着前所未有的压力，加强研究、优化设计，攻克了一系列重大技术难题，把一个个问号变成惊叹号，为国家节省了大量投资，并取得了可观的经济效益和社会效益。

由于长期驻守工地，艰苦的生活环境加之超负荷的运转，郑守仁积劳成疾。2005年8月，郑守仁因患癌症住进医院。谁知术前的一个双休日，趁着医生不在，他从医院偷偷跑回三峡工地，叮嘱同事们做好混凝土的温控防裂工作。

日复一日、年复一年，郑守仁的生命已经与大坝、与水利紧紧地联系在一起。女儿长到 16 岁，只见过父亲两次，一句"爸爸爱工程胜过爱女儿"成为他心头挥之不去的痛。女儿出嫁，他没能到现场送上祝福；父母生病，他无法守在病榻前照料……"庄子云：'至仁无亲。'郑总舍小爱为大爱，舍小家为国家。他对党和人民饱含深情，对社会主义建设充满激情！"刘宁如是评价。

名和利，在郑守仁眼中都是过眼烟云。20 世纪 90 年代初，郑守仁被授予"隔河岩工程特殊贡献者"称号，奖金 5 万元，他毫不犹豫地捐了出去。2004 年，郑守仁获得何梁何利基金科学与技术进步奖，奖金 20 万元港币，他将这笔钱一分为二——一半作为工程技术人员的专著出版基金，一半用于资助困难职工子女上大学。2005 年，郑守仁获得湖北省科学技术突出贡献奖，奖金 50 万元，他也全部捐献了出来。每逢遇上洪涝灾害，他总是带头捐款，汇款单上的署名为"长江委一职工"①。

谈到荣誉，郑守仁说："这不是个人的功劳，而是群体的功劳。领导这么信任我，让我负责这项工作，责任是主要的，经济上的需求是次要的。我们搞技术工作的会把这些东西都看得比较淡薄一些。"

2020 年 7 月 24 日，郑守仁在武汉与世长辞。长江西陵峡畔三峡坝区十四小区办公楼 205 室的那盏灯，再也没能亮起。直到生命的最终时刻，他依然在同时间赛跑，回到三峡工地写书，做好三峡工程的技术总结。"我走了以后，你们要多替我回三峡看看。"他重病卧床时，依然心牵三峡工程。

---

① 长江委即水利部长江水利委员会。

陆佑楣（1934— ），水利水电工程专家。2003年当选为中国工程院院士。曾任国务院三峡工程建设委员会副主任委员、中国长江三峡工程开发总公司总经理、中国大坝委员会主席。长期从事水利水电工程建设的技术和管理工作，先后参与、组织了刘家峡、盐锅峡、石泉、安康、龙羊峡等水电工程的建设；主持三峡工程建设，研究和决策了一系列重大工程技术和管理问题。获"能源功勋·终身成就人物"奖、世界工程组织联合会工程成就奖等奖项。1956年加入中国共产党。

陆佑楣：
投身三峡这片热土，是光荣更是责任

张　蕾

"不论道路多曲折，中国共产党一定能带领中国人民走上正确的道路，奔向富强的前景——这是我们这一代人的坚定信念。"

——陆佑楣

　　到过三峡大坝现场的人，莫不为其场面之壮观、工程之浩大感到震撼。而当你看到这位身材瘦弱、衣着朴素、态度谦和的长者，一定很难相信，他就是鏖战十年、建设三峡工程的领军人物——陆佑楣。

　　熟悉陆佑楣的人都说，他之所以能从普通工程师成长为指挥"千军万马"的领军人物，除了自身的聪颖和勤奋外，靠的是务实的作风和谦逊的人品。兼任三峡工程论证领导小组副组长后，他以严谨的科学态度与众多专家合作，为推动三峡工程不辞辛劳、呕心沥血，最终以科学的数据结论使不少专家打消了顾虑，在论证报告上郑重签名。

　　不过，陆佑楣却将自己定义为一名工程师，"搞了一辈子工程，有幸参加了祖国最大的几个水电站建设，经历了祖国水电事业的黄金时期"。

　　1934年1月，陆佑楣出生于上海法租界。1945年，第二次世界大战结束时，陆佑楣11岁。"国民党把上海管理得一塌糊涂，物价飞涨、民不聊生，直到新中国成立后，上海的面貌才得以改变，社会上一些乌七八糟的东西被清理干净，人们的思想转变很快，相信中国共产党会领导人民走上光明的道路。"陆佑楣回忆道。

　　1956年，陆佑楣从华东水利学院毕业，正赶上国家在西部兴建水电站，他被分配到黄河刘家峡水电工程局，参与刘家峡水电站的建设。"年轻时心野得很，一心想去西部有大江大河的地方施展身手……其实自己还想走得更远，再艰苦的地方也不怕。"陆佑楣笑言。

　　作为中国首座百万千瓦级水电站，刘家峡水电站需要完全自主设计与建造。位于市区的兰州筹备处距离工地70多公里，摆在建设者面前的首要任务是修通公路。陆佑楣学的是水力发电，可在实际工作中他什么都干，测量、选线、施工……"铺盖卷和锅碗瓢盆就放在架子车上，道路修到哪儿人就住到哪儿，就这样白手起家，但大家情绪高涨，不喊累也不叫苦。"虽然受到"大跃进"和"文革"等政治运动的干扰，刘家峡水电站经历了停工、复工的波折，但是首台机组还是于 1969 年 3 月投入运行。次年，陆佑楣受命赴陕西支援三线建设，这一去，又是十余年。1983 年初，陆佑楣去四川雅砻江二滩水电站参加设计审查会，刚到就接到通知：即刻赴青海组织龙羊峡水电站建设。两年后，在外"东征西战"了近 30 年的陆佑楣才回到水利电力部，时任部长钱正英告诉他："调你来搞三峡工程，负责水力发电部分。"

1993 年 9 月，陆佑楣被国务院任命为中国长江三峡工程开发总公司（后更名为中国长江三峡集团有限公司）总经理——那一年，他 59 岁，换作别人，正该准备退休颐养天年。陆佑楣认为，党和人民将修建跨世纪宏伟工程的重任交给自己，是光荣更是责任，自己所能做的，就是投身三峡这片热土。

1997 年 11 月 8 日，举世瞩目的三峡工程实施大江截流。当 3 颗红色信号弹腾空跃起，"龙口"传来现场指挥报告喜讯的声音时，陆佑楣不禁心潮起伏、热泪盈眶。然而，来不及庆祝眼下的胜利，他又马不停蹄地带领 2 万多名三峡建设者，经过 5 年艰苦卓绝的奋战，创造出再次截流、船闸通航和机组发电的辉煌业绩。

回首那段激情燃烧的岁月，陆佑楣感慨万分："三峡工程的决策经历了比较长的历史过程，中国共产党充分认识到工程的复杂性，决定把决策报告方案提交到全国人大表决，充分发挥科学、民主的作用，这是一种自信的表现。因此，不论道路多曲折，中国共产党一定能带领中国人民走上正确的道路，奔向富强的前景——这是我们这一代人的坚定信念。"

何镜堂（1938— ），建筑学家。1999年当选为中国工程院院士。主持设计了上海世博会中国馆、侵华日军南京大屠杀遇难同胞纪念馆扩建工程、上海交通大学钱学森图书馆、西汉南越王博物馆、澳门大学横琴校区、广东省"三馆合一"项目、国深博物馆、殷墟遗址博物馆、天津博物馆、映秀震中纪念馆和广州海心桥等。获首届梁思成建筑奖、国际设计艺术终身成就奖等奖项。在新中国成立60周年和70周年时的中国建筑学会建筑创作大奖评选中，以27项作品获奖成为新中国成立后获奖最多的建筑师。获"中国工程设计大师"等荣誉称号。

何镜堂：
建筑记录时代

詹　媛

"建筑的最终目标是以其整体性为社会服务，为大众创造一个优美的人居环境，就像音乐家一样，通过音符的组合谱写优美悦耳的乐章。"

——何镜堂

"我的人生是建筑的人生。"何镜堂如此概括自己。2017 年，他在《人民日报》上撰文说："建筑设计的目的是为人类提供一个适宜工作和生活的美好空间环境。"

这是何镜堂的建筑理念，也是他以提升中国人居空间为追求，将人生融入为社会大众设计"美"的空间中的"建筑人生"之写照。

何镜堂 1938 年生于广东东莞，读小学期间，新中国刚刚成立，"大家都铆足了一股劲儿蓄势待发，随时准备大展拳脚"。那时，他最喜欢看的电影是"高尔基三部曲"，常看的书是《钢铁是怎样炼成的》。而他对建筑学的喜爱，则萌芽于中学时期。他喜欢数学、物理，也很喜欢绘画。老师说："你以后就学建筑吧，建筑师是半个艺术家，半个工程师。"

这正符合何镜堂对专业的设想。1956 年，他考上了华南工学院（华南理工大学的前身），与建筑结下了不解之缘。

"当时我们念书很勤奋，只想学好本领，报效祖国。"何镜堂回忆，读研究生期间，他到北京出差，找到一本对研究大有裨益的书。没有复印设备，他一笔一画、一张一张地描。仅用 3 天，他就把 60 页的书描了出来，字体、图画大小几乎跟复印的一模一样。

这本书如今仍在。何镜堂有时拿给学生看，大家都觉得不可思议。"我现在也觉得不可思议，当年怎么会有这样的劲头啊，那就是理想和信念支撑着我。"

1983 年，因种种原因一度离开建筑专业的何镜堂重新回到了建筑创作领域。"我是学习研究民用建筑设计的，我对这个方向特别感兴趣。"何镜堂说，这是他最初的梦想。凭借这种坚守，何镜堂初心得偿，乐在其中。

20 世纪 90 年代末以来，高等教育快速发展，空间及环境资源紧缺，何镜堂主持设计了澳门大学横琴校区、浙江大学等 200 多个大学校区，为高校育人环境的改善做出了巨大贡献，他也因此获誉"校园建筑设计掌门人"。

何镜堂为 2010 年上海世博会主持设计了 16 万平方米的"东方之冠"——中国馆。雍容典雅的建筑，充分展现了中华文明的源远流长和盛世中华的时代风貌。

何镜堂曾先后主持和设计重大、复杂建筑工程 200 多项。他所设计的这些建筑，见证了近百年来中国历史进程中的重大事件，体现了国家和民族的记忆与时代精神——侵华日军南京大屠杀遇难同胞纪念馆记载了民族的灾难历史，承负国家公祭重任；青岛国际会议中心体现了"腾起筑梦、扬帆领航"的上合（上海合作组织）精神；国深博物馆、殷墟遗址博物馆、映秀震中纪念馆、上海交通大学钱学森图书馆、西汉南越王博物馆、大厂民族宫等，这些都体现了中国特色文化博览建筑的创作精髓。

何镜堂长期奋斗在建筑创作实践、教学和研究的第一线。他主持、筹备了华南理工大学亚热带建筑科学国家重点实验室。这是目前国内建筑学界第一个且唯一一个国家级重点实验室，为我国建筑学科的发展做出了开创性的贡献。

何镜堂是"全国劳动模范""全国优秀教师""全国优秀科技工作者"；新中国成立 70 周年之际，他被授予"最美奋斗者"荣誉称号；2022 年，他带领的华南理工大学建筑理论与创作实践教师团队获教育部授予的"全国高校黄大年式教师团队"称号。

2011 年，何镜堂将广东省科学技术奖突出贡献奖的 200 万元奖金全部捐出，成立"何镜堂教育基金"，并累计接受捐赠 1100 万元，用以奖励优秀学生、青年教师，激励年轻人进行学术探索和创新研究。在他看来，"人要有梦想和理想，活在世上应有所寄托。要持之以恒，不断发展和完善，只有这样才能奔着一个目标去奋斗"。

王静康（1938—　），工业结晶科学与技术专家。1999年当选为中国工程院院士。天津大学化工学院教授，国家结晶科学与工程国际联合研究中心主任。长期致力于工业结晶科学与技术创新研发及其成果产业转化，连续主持并完成"七五""八五""九五""十五"国家重大科技攻关项目和"十一五""十二五"国家科技支撑计划项目，并实现自主创新研发成果产业转化。获国家技术发明奖二等奖、三等奖各1项，国家科学技术进步奖二等奖3项。获"全国优秀科技工作者""全国教书育人楷模"等荣誉称号。1984年加入中国共产党。

王静康：
科学研究要"为国分忧"

陈海波

> "祖国和人民的需要，就是科技工作者持之以恒努力的方向。"
>
> ——王静康

咸菜、咸鸭蛋、方便面，这是王静康多年的"保留菜谱"。她真的爱吃这些吗？

王静康是个大忙人。作为一名科学家，她却经常往工厂跑，既当研究员又当操作工，在生产车间里一干就是十几个小时，饿了就吃方便面，有时配点咸菜和咸鸭蛋。

"亲眼看到自己的科研成果转化为现实生产力，那种兴奋之情是难以形容的。"在实验室和车间之间频繁"切换工作模式"的王静康乐在其中。

王静康从事的科研工作叫作"结晶"——把组成物质的分子、原子或离子按照一定的规则排列成周期性的空间结构，去除杂质，使它们从液态或气态变为纯净固体。作为一种化工精制技术，结晶广泛用于农药、食品、医药、石油化工、生物化工、能源、材料等领域。

在数十年的科研生涯里，王静康一直致力于化学工程工业结晶的理论创新和新技术开发。她信奉"在科研工作上必须争分夺秒"，并且身体力行，成为周围人眼里的"永动机"。

除了家和讲台，实验室和各种工厂是王静康出现最多的地方。实验室的同事经常觉得"跟不上"王静康，因为她总是来得早走得晚，有时甚至工作到凌晨一两点。王静康对做实验的要求，也容易让人"跟不上"。她给自己和团队定下规矩：做实验一次成功不算成功，只有重复成功20次以上，实验数据才有效。有人认为似乎没有必要，但王静康很坚决："实验是一个摸索的过程，这一过程的数据做实了，在企业'真刀真枪'做项目才能一次成功。"

做实验不能一次就过，但对于新技术在生产企业的转化应用，王静康的要求却是一次成功。

1990 年，王静康团队承担了"八五"国家重大科技攻关项目——"青霉素结晶新工艺与设备在生产中的应用开发"。她劳累过度，导致心房颤动，需要手术治疗。她不想耽误项目进度，手术一拖再拖，直到项目进入产业化阶段才住进医院。王静康身在医院，心却在工厂。本应术后休养的她，在团队调试安装设备、仪表时，先后 7 次出现在车间，一项接着一项检查。不放过每一个细节的她，发现的问题比一般人要多。在这份执拗和坚持下，青霉素结晶新技术生产线最终一次开车成功，提前两年完成了攻关任务。

"必须一次成功，否则一天就要浪费国家几十万元，研究也要倒退一年半载。"王静康事后解释。她用"幸不辱命"四个字来形容此次科研攻关，"国外再也不能用青霉素这种救命药卡我们的脖子了"。

对于实验，不允许一次就过，这是对科学负责；对于产业转化，必须一次成功，这是对国家负责。不浪费国家的一分一毛，不浪费自己的一分一秒，年过八旬的王静康依然奋斗在科研一线。多年来，她与团队的足迹遍布全国 20 多个省市的百余家工厂，科研成果转化结出累累硕果。

"祖国和人民的需要，就是科技工作者持之以恒努力的方向。我们所从事的每一个项目都代表着国家利益，国家责任重于一切！"王静康努力将这种责任传递给下一代。她将科研攻关的经历带进课堂，让年轻人"体会'学有所用，学有所需'的使命感和荣誉感"。她坚持给本科生上课，还亲自为年轻党员上党课，希望能帮助他们树立正确的人生观、价值观。

"我们搞科学研究的，就要为国分忧，为党和人民干点实事。"王静康言之谆谆，真诚恳切。她坚信，这就是当代科技工作者应该坚持的人生观和价值观，也是他们应有的使命感和荣誉感。

洪伯潜：
愿以一生许矿山

齐 芳

> "只要还能工作，什么时候都应该服从工作需要，干什么工作都应全力以赴。"
>
> ——洪伯潜

煤炭是关乎国计民生的重要资源，而矿井建设与煤炭开采却是十分艰苦的工作。有这样一位老人——中国工程院院士洪伯潜，他把自己的热血都奉献给了矿井建设研究与工程实践，他是中国煤炭科工集团有限公司首席科学家，也是我国不稳定含水地层深井钻井法施工的主要开拓者之一。

1931 年，洪伯潜生于福建厦门。1952 年，他考入厦门大学土木工程系（后因院系调整并入浙江大学土木工程学系），并于大学期间加入中国共产党。那时，年轻的洪伯潜想成为一名建筑设计师。但大学毕业之际，他却在毕业分配志愿书上这样写道——"服从组织分配，到祖国需要的地方去"。

其时正是 20 世纪 50 年代，年轻的共和国正处于第一个五年计划的建设高潮。身处这样的洪流中，洪伯潜迫不及待地想要学有所用。就这样，他被分配到北京煤炭科学研究总院，从此与煤炭工业结缘，从事有关矿井建设的科技探索。

想要设计与建设满足时代需要、结构合理、安全可靠且施工先进、便捷的井筒，井壁是极其重要的，必须充分了解拟建设矿井地区的地质条件等具体情况。在职业生涯中，洪伯潜走遍了我国大部分的煤炭产区。在相当长的一段时间里，他每年都要在矿区现场待大半年，甚至更长时间。他说："只有深入矿山生活，我们才能确切了解问题的关键所在，也才能将井筒设计得更合理、更安全。"

洪伯潜最早去的，也最难忘的，是黑龙江双鸭山矿区。双鸭山矿区天气严寒、环境简陋，这里让初入矿区的他真切体会到了煤炭行业的从业环境是如此艰苦。他和工人们同住一屋，一起睡在板条搭成的通铺上，屋里没有桌椅，晚上灯光昏暗。没过多久，他的身上就长了不少虱子。

　　然而，恶劣的环境并没让他打退堂鼓。因为更触动他的，最让他惦记的，是矿井建设者们的辛苦和安危。为了祖国的需要，为了矿工兄弟们的工作与生活，非矿业科班出身的洪伯潜，把所有的时间都花在了钻研矿井建设技术上，他寻找一切有关的资料，深入了解矿山的特点和需求，以便建设现代化的、安全的矿井！

　　从海拔 4300 米的青海木里煤田，到我国东部地区深表土不稳定含水地层的煤田，几十年来，洪伯潜用脚踏实地的工作践行着自己"到祖国需要的地方"的誓言。

　　1958 年，他与课题组同事成功研发我国第一座煤矿竖井悬臂式预应力钢筋混凝土井架，在河南省鹤壁市鹿楼煤矿投入使用；1964 年由他负责的课题组成功研发 32 米高预应力钢筋混凝土井架并投入使用；"六五""七五"期间，他负责"深井钻井法凿井技术的研究与应用"国家重大科技攻关项目，在国际上率先成功研发 440 米深表土不稳定地层大直径井筒特殊施工方法；"十五"期间，他创新性地提出了"力矩平衡法"，以控制深井筒泥浆中悬浮下沉井壁结构的竖向稳定，保证了钻井法应用于近 600 米深表土不稳定地层大直径井筒钻井法凿井技术工程的成功。

　　虽然获得多项荣誉，但洪伯潜从不以此为傲。他所牢记的是："国家建设的需要、单位工作任务的需要，就是我的工作岗位。"

于润沧（1930— ），金属采矿专家。1999年当选为中国工程院院士。中国恩菲工程技术有限公司高级顾问专家、专家委员会名誉主任，中国有色金属学会名誉常务理事。曾任中国有色工程设计研究总院副总工程师。先后参与、主持、指导工程设计和科研项目60多项，在创新采矿方法、发展胶结充填技术等方面创造了多项国内"第一"；先后参与中国工程院有关中国可持续发展矿产资源战略方面的数项研究。获国家科学技术进步奖特等奖1项、一等奖1项、二等奖3项。被授予"国家有突出贡献中青年专家"等荣誉称号。1956年加入中国共产党。

于润沧：
许生采矿为报国

齐　芳

"构建生态矿业工程是对人民负责，是为子孙后代谋求福祉，肩负着避免环境灾难阻止我国经济可持续发展的历史责任。因此，需要我们矿业界为之奋力呐喊、奋斗。"

——于润沧

2018 年 10 月 16 日，2018 矿业前沿与信息化智能化科技年会现场，一位耄耋老人成为焦点——他就是金属采矿专家、中国工程院院士于润沧。

这位与中国有色金属工业已相伴一甲子的老人，仍然活跃在智能化、生态化矿业建设的第一线——这次聚焦智能矿业的论坛，就是在他的策划和推动下召开的。

于润沧生于 1930 年。少年时代，他目睹了山河破碎、百姓流离失所的惨况，立下了为国为民的誓言。中学期间，他成为一名进步学生。1949 年，他考入哈尔滨工业大学预科班。初时，他学的是土木工程专业，但当了解到我国有色金属工业，特别是采矿业人才极其匮乏，他便主动要求转系——"我要响应国家号召，从事祖国的采矿事业"。

从此，于润沧的职业生涯与有色金属紧紧地结合在了一起。

大学毕业后，于润沧被分配到北京有色冶金设计研究总院（中国恩菲工程技术有限公司的前身）。数十年来，他一直从事矿山工程咨询、设计和科研工作，先后参与、指导了 60 多个设计科研项目，围绕行业痛点、难点和关键问题开展深入研究，取得了多项创新性成果，在新中国有色金属工业的史册上熠熠生辉——

20 世纪 50 年代，在湖南冷水江市锡矿山锑矿的开采中，首次采用杆柱房柱采矿法，使矿石损失率降低了 40%，这一成果于 1978 年获得了全国科学大会奖；

20 世纪 60 年代末，作为中国第一大镍矿甘肃金川镍矿的采矿工程负责人，主持开发了高浓度胶结充填新技术；采用曲墙圆弧拱巷道断面和两次喷锚网联合支护，使不良岩层冒顶坍塌事故的发生得到有效控制；

　　1996—2000 年，主持了国内第一座有色金属矿山千米深井——冬瓜山铜矿开采的设计，首次提出"探建结合"的新理念和技术方案，缩短基建期，及早掌握深井开采的特点，力推引进"微震监测系统"预测岩爆，保障了生产安全，使投资效益最佳化；

　　20 世纪 90 年代，在国内首先试验成功并在生产中采用了膏体充填技术，建成了几座具有示范作用的现代化矿山；同时，还为我国硬岩矿山工程领域培养了一个应用和发展全尾砂高浓度、膏体胶结充填技术的团队；

　　……………

　　有色金属工业是国家的基础性和支柱型产业，但同时也是高污染行业。在采矿设计中，于润沧逐渐认识到开采必须与生态保护并重。近 20 年来，他一直积极倡议建设生态矿业工程。早在 20 世纪 80 年代，于润沧就指导了国内第一座无废开采矿山——南京栖霞山铅锌银矿的设计，做到了无废石场、无尾矿库、无不合格废水排放。

　　21 世纪初，于润沧又在白象山铁矿工程中进行矿业生态化尝试，结合安徽省马鞍山市当涂县太白山国家森林公园规划，与邻近的李白墓园、谢公祠遗址景观协调融合，提出了使工业建筑物体现徽派建筑特色的尝试。如今，这座主井已经成为当地的地标性建筑，而采矿区也实现了工业场地无废料堆存，采掘废石及全尾砂回填采空区，粗粒尾矿用作建筑材料销售，厂区空地及垂面绿植郁郁葱葱，绿化比例达 15%。

　　老骥伏枥，志在千里。耄耋之年的于润沧仍在推动信息化、智能化矿山建设："数字化矿山建设不只着眼于眼前的利益，它服务于矿业的长远发展，着眼于建设矿业强国，我们应当为明天采矿远景的实现未雨绸缪。"

周福霖（1939— ），工程结构与抗震隔震减震控制专家。2003年当选为中国工程院院士。广州大学工程抗震研究中心主任、教授。为我国结构隔震减震控制技术体系的建立、应用与发展做出了奠基性、开拓性贡献，使我国在该领域形成了完整的科学理论和技术体系，并步入世界前沿。获国家科学技术进步奖二等奖2项。获全国五一劳动奖章和"全国优秀共产党员"等荣誉称号。1984年加入中国共产党。

周福霖：
一定要攻克这个难题

陈海波

"这一生，我一定要让中国人住上能在地震中确保安全的房屋。"

——周福霖

伶仃洋，超强台风"天鸽""山竹"你方唱罢我登场，55 公里长的港珠澳大桥岿然不动，静卧如虹。

从伶仃洋溯珠江而上来到广州，广州大学工程抗震研究中心的实验室里动静可不小——这里正进行着各种不同的抗震实验。研究中心的负责人叫周福霖，他带领团队花了近 10 年时间，探索出一整套海上桥梁隔震减震技术，极大地提高了港珠澳大桥的抗震安全性。

跨海大桥实现隔震减震只是周福霖团队的诸多成果之一。让每一栋房屋都是"不倒屋"，是周福霖的梦想和承诺。

"身为一名共产党员，坚守初心，用科技报效国家，用结构隔震减震控制技术为国家、社会、人类做贡献，是我一直坚持的人生理想。"这是 2021 年周福霖获"全国优秀共产党员"称号后的表白。

这个理想，始于那场举国皆痛的大地震。1976 年，在河北唐山，37 岁的结构工程师周福霖在震后灾区考察时，听到当地群众哭诉和质问："为什么地震来了，房屋都倒了？"周福霖感到无地自容。如果解决了地震中房屋倒塌的问题，那么保护的就不只是一个人或几个人，而是千千万万的人。于是，他重新规划了科研生涯——全力研究房屋隔震减震技术，并立下誓言："三十几岁干到八九十岁，还有几十年，我一定要攻克这个难题。"

何谓隔震减震？传统的抗震技术强调以硬抗硬，而隔震减震技术主张以柔克刚，如在建筑物底下建造柔性的橡胶支座以隔离并减少震动。"就像船航行在海上，船跟海底之间隔着柔软的水，海床发生再大的震动，船体只会慢慢摇摆。"周福霖打了一个比方，他要用"软减震"的新理念新技术，颠覆"硬抗震"的传统抗震理念和技术。

周福霖扬帆起航，在科技的海洋里劈浪前行。经过多年的研究和实验，他于 1993 年在广东汕头建成了我国首栋橡胶隔震支座多层住宅楼，地震反应只有传统抗震房屋的 1/8 ~ 1/4，这栋住宅楼在次年成功经受住了台湾海峡地震的考验。

一朝突破，迎来的是一日千里。周福霖带领团队不断改进隔震减震技术，还编制了隔震建筑相关设计规范和产品标准，使隔震减震技术得到更广泛和更规范的应用。在他们的推动下，采用隔震减震技术的建设工程在中国如雨后春笋般破土而出，既有住房、医院、学校等建筑，也有机场、核电站、桥梁、海底隧道等重大工程，甚至有的古建筑和历史文物保护也使用了相关技术。

"我们国家有两个'最'，我们既是世界大陆地震受灾面积最大的国家，也是世界地震灾难最严重的国家，这两个'最'一直压在我们科技工作者头上。"周福霖坦言。

2008 年，汶川地震，周福霖来到抗震援建第一线。与多年前赶赴唐山那次经历不一样，这一次，他是作为国家汶川地震专家委员会委员，为当地灾后重建制定抗震标准并提出指导性意见。完成工作后，他被广东省委授予"抗震救灾优秀共产党员"荣誉称号。

2013 年，雅安地震，芦山县其他医院都瘫痪了，唯有做了隔震减震设计的芦山县人民医院门诊楼安然无恙，这里成为全县唯一的急救和指挥中心。"如果没有这栋隔震楼，导致的严重伤亡后果将不堪设想。"该院院长直言。

同样在这场地震中，采用隔震减震技术建造的汉川第二小学的师生不慌不乱。"发生地震时，你们不要往外跑，屋里比屋外还安全。"该校老师自信地提醒学生。"屋里比屋外还安全"，这仿佛是对当年唐山人民那句质问的最好回答。但对周福霖而言，"答卷"还要继续书写。"唐山大地震的经历总在脑海浮起，常常想起自己许下的诺言。"他说。

如今，年过八旬的周福霖依然奔波于实验室和建筑工地，探索如何将隔震减震技术提升到更高水平。他要继续履行 40 多年前的那个承诺——"让更多的中国人住上地震中的安全房！"

谢克昌（1946— ），煤化学工程专家。2003年当选为中国工程院院士。京津冀协同发展专家咨询委员会委员，光华工程科技奖励基金会理事长。作为我国煤化工科技领域的开拓者之一，长期从事煤化工和煤的清洁高效利用的科研、开发、教学和战略规划研究。连续两次作为首席科学家承担973计划能源领域项目；倡导并推动"高碳能源低碳化利用"的立法和实践，为能源的高效利用和可持续发展做出积极贡献。授权发明专利60余项，出版学术专著7部。获国家自然科学奖二等奖、国家科学技术奖进步奖二等奖、国家技术发明奖二等奖等奖项。2022年入选中国化工学会"中国化工百年百人"。1985年加入中国共产党。

谢克昌：
毕生奉献为能源

张亚雄

"能源革命不可能一蹴而就。我所做的一切，都是为了给后代留下可持续发展的基础。"

——谢克昌

作为我国能源供应的压舱石和稳定器，煤炭在我国的主体能源地位在未来相当长的一段时间内不会改变。而有一位院士，始终在为实现能源清洁高效利用、推进能源革命、保障我国能源安全殚精竭虑、矢志奉献，他就是谢克昌。

1946年，谢克昌出生于山西太原的一个教育世家。他的外祖父杨爱源系抗日战争时期第二战区上将副司令长官，平型关战役前期总指挥；祖父谢维楫系早年留学日本的医药专家；其父亲谢益棠则是太原工学院教授、热能专业奠基人。教育救国的理念深深地融入了谢克昌的血液。

22岁时，谢克昌从天津大学化工系毕业，被分配到河北黄骅县（现黄骅市）机械厂当车工。在遍地都是盐碱滩的黄骅，谢克昌靠着基础知识，把海盐转化成盐酸和烧碱，从石油中提炼出汽油和柴油，用天然气制出化肥，从无到有，牵头设计并带领团队建成3座化工厂并成功投产。

1978年，谢克昌考入太原工学院攻读研究生。1983年，谢克昌作为太原工学院优秀青年教师代表赴美留学，专修煤化工专业。两年后，出色完成学业的他，面对留美发展的优渥条件，决意回国工作，造福家乡。自此，谢克昌躬耕于我国煤化工领域，培养了大批科技人才。

作为长期从事煤炭清洁高效利用研究的煤化学工程专家，谢克昌领导团队完成了国家和国际合作重大、重点项目近百项，并在煤科学基础研究、煤基合成气转化、煤层气有效利用、新型煤转化催化材料制备、气体净化和脱硫剂开发等方面取得一系列成果。

从2004年开始，谢克昌就"可持续发展与循环经济型能源化工""循环经济与山西新型能源和工业基地建设""低碳经济与低碳能源技术"等方面开展战略研究，撰写论文和学术报告数十篇（次）。2009年8月，他倡导并推动了"高碳能源低碳化利用"的立法和实践。

2010 年 6 月，担任中国工程院副院长后，谢克昌提出并组织、主持完成中国工程院"中国煤炭清洁高效可持续开发利用战略研究"；此后，又根据国家需求组织并主持完成"推动能源生产和消费革命战略研究"等系列重大咨询项目，为推动我国能源尤其是煤炭的清洁高效利用做出重大贡献。

2014 年，谢克昌主持完成"中国煤炭清洁高效可持续开发利用战略研究"，强调实现清洁高效利用的煤炭就是清洁能源，首次提出"煤炭要革命，但不是革煤炭的命"，围绕该研究成果，主编了"现代煤化工技术丛书"共 12 分册，总字数达 650 多万字，为煤炭行业科学发展提供了方向指导，被业界誉为最全面、系统、深入、科学的煤炭行业战略研究。

2015 年，针对我国日益严重的农村散煤污染问题，谢克昌组织院士专家首次系统开展我国农村能源革命发展战略研究，提出了农村能源发展的基本思路和战略举措。

2020 年 9 月，我国向国际社会做出碳达峰、碳中和的庄严承诺。在谢克昌看来，现代煤化工产业的"高碳"属性不可回避。一方面，我国能源资源禀赋决定了煤炭的基础地位，但我国煤炭人均拥有量仅为全球人均拥有量的 3/4 和美国人均拥有量的 13%，必须实现可持续开发利用。另一方面，要开展碳减排措施性能评价，建立"双碳"技术分类评价体系，构建碳足迹精确核算方法与平台，加强基础研究，为统筹安排提供依据；要强化碳排放责任划分，加强能源与智能技术深度融合，全面智慧发展；要警惕有可能发生的风险，尤其是不切实际的能源转型可能带来的能源危机。

这位致事之年的"乌金"院士，仍以旺盛的精力活跃在我国能源科技研发和战略咨询的一线。

郭孔辉（1935—　），汽车设计研究专家。1994年当选为中国工程院首批院士。吉林大学汽车工程学院名誉院长、教授。曾任中国第一汽车集团有限公司汽车研究所总工程师、吉林工业大学副校长。先后主持完成多项我国汽车行业的基础性科研项目和"一汽"新型汽车的开发研制工作。被汽车界誉为"将系统动力学与随机振动理论引入汽车振动与载荷研究的领先学者"，我国汽车轮胎力学的主要奠基人，汽车操纵稳定性、平顺性科技领域的主要开拓者和带头人。获国家级及省部级科学技术进步奖7项。获全国五一劳动奖章、"中国汽车工业50周年50位杰出人物之一"荣誉称号等。1980年加入中国共产党。

郭孔辉：
立志为祖国工业化做贡献

詹　媛

　　"无论是做天上'飞'的还是地上'跑'的，只要是国家需要的，我就一定要把它做好！"

——郭孔辉

郭孔辉的家，像个汽车模型博物馆。他爱收集各个年代、各种类型的汽车模型，不仅车门能打开，方向盘能转动，轮胎还很灵活，有些还是"绝版"。

郭孔辉曾为第一辆由中国人自己设计和制造的世界级名牌轿车——"红旗"轿车解决了"不能快跑"的棘手问题。但沉迷研究汽车的他与汽车的这段"姻缘"，用他自己的话说，却是"包办"。

20世纪50年代初，郭孔辉高中毕业，考上了清华大学航空学院。1953年全国高校院系调整，他被调到北京航空学院。不久，他转学到华中工学院，改学汽车专业。

"学航空专业算是'自由恋爱'，与汽车结缘则有点像是'包办婚姻'。"回忆起来，郭孔辉豁达一笑，"我还要感谢这段经历，不然就不会有我在汽车领域的成绩。"

为何能淡然看待个人学业的转折？只因郭孔辉心中始终存着"用知识武装自己的头脑，为祖国的强大贡献力量"的信念。在他年幼时，抗日战争爆发，刚会叫"爸爸"的他，因战争失去了与父亲的联系。1941年和1944年，福州两次沦陷，他两次失学。

"连年的战乱和窘迫的家境让我从小就懂得了要争分夺秒地学习。"国家受屈辱、亲人痛离散的苦难记忆太深刻了，面对专业调整，郭孔辉难以忘记当时华中工学院黄礼副教务长的话："要去创造自己经得起考验的历史。"

"这是真正的大道理，无论是做天上'飞'的还是地上'跑'的，只要是国家需要的，我就一定要把它做好！"这成了郭孔辉始终奉行的价值观，无论到哪里，他都内心敞亮且心态积极。1955年，他坦然面对求学生涯的再一次转变——由于院系调整，他从华中工学院转至刚刚成立的长春汽车拖拉机学院。他心中始终存着这样的信念："知识分子一定要有真本事。这样等国家需要你的时候你才能有所作为！"

1971年，为国家时刻准备着的郭孔辉开始大展身手，走在了中国汽车科研道路的前列。当时，要开发新一代"红旗"轿车，技术上面临着难题——"（'红旗'轿车在国外）使用时最大的问题就是不能快跑"，轿车厂寄望郭孔辉解决"红旗"轿车高速操纵稳定性的问题。可这是一块"烫手的山芋"，当时国内没有人搞得懂，技术难度很大。

郭孔辉没有顾虑，他接下了任务："说中国的轿车跑不快，这是影响我们国家声誉的大事！我的基础相对较好，解决这个问题责无旁贷！"从试验评价方法到研制测试仪器，郭孔辉带领团队攻克了一个又一个难关。他提出的一系列评价分析方法，获得了全国科学大会奖。

60多年来，郭孔辉从未停止研究的脚步。他是我国汽车工程技术领域的第一位院士，是我国最早把系统动力学与随机振动理论引入汽车振动与载荷研究的学者，是我国汽车工业自主创新杰出的倡导者和实践者，在汽车悬架、振动与载荷、轮胎力学、驾驶员模型、动态仿真与控制、汽车动力学以及人—车闭环操纵动力学等方面均取得了重要研究成果。

"虚心善以前人为师，创新不为前人所限"，这是郭孔辉对学生的寄语，如今被镌刻在吉林大学汽车工程学院一楼的展厅内。对他来说，创新不仅是为了从技术层面提高中国轿车的水平，还有一股不服输的志气在里面！

马洪琪（1942— ），水利水电工程专家。2001 年当选为中国工程院院士。我国水利水电地下工程及坝工建设领域技术带头人。提出了地下厂房洞室群施工规划的基本原则和安全建设的关键技术，研制出我国第一台具有自主知识产权的高压长斜井滑升模板；带领团队建成了世界上第一座 300 米级高拱坝；联合天津大学首次成功研发了数字大坝技术，使大坝施工质量实现全过程实时在线监控，在世界高土石坝建设史上具有里程碑意义。主持和参与建设大型水电站 30 余座，为开发我国丰富的水能资源做出了杰出贡献。获省部级以上科学技术进步奖 16 项。获全国五一劳动奖章、"国家有突出贡献中青年专家"荣誉称号等。1981 年加入中国共产党。

马洪琪：
信仰之光照亮了我的前行之路

陈　鹏

"作为一名共产党员，我现在最大的心愿就是继续投入水电工程建设中，带领新一代的水电人，为碳达峰、碳中和——我们党的庄严承诺，贡献一分力量。"

——马洪琪

1967 年，25 岁的马洪琪从清华大学水利系毕业，分配时，他选择了去云南。

出生于上海，为什么要去云南？

"我的理想是治理江河、兴利除害、为国为民。我学的是水利，就应该和江河在一起！"

那是一段难忘的岁月。

初到云南，马洪琪被分配到毗邻中越边境的绿水河水电站，风钻工、出渣工、木工、混凝土工、钢筋工……水电站工地上的每个工种，他几乎干了个遍。

1972 年，马洪琪一个人带着一台水轮发电机组到富源县支援农村小水电站建设。白天到工地指导施工，晚上在煤油灯下画设计图，心中积攒了多年的能量终于迸发出来了。两年后，水电站建成投产。

1978 年，面对援助非洲喀麦隆共和国、参加拉格都水电站建设的任务，马洪琪放弃了准备已久的研究生考试，成为团队里最年轻的援外专家，而这是当时中国水电系统最大的援外项目。

因成绩出色，马洪琪被任命为开挖队副队长兼主管技术员，同时火线入党！在鲜红的党旗下，马洪琪庄严宣誓。他的内心激情澎湃，"治理江河、为国为民"的初心在这一刻有了更加深刻的意义。

在马洪琪与云南江河的故事中，让他记忆最深的莫过于澜沧江——8 度地震烈度区、300 米级高拱坝、700 米高边坡、高地应力地区超大型地下洞室群……一个个史无前例的世界工程难题在云南小湾等待着他。

"将毕生所学和全部精力都献给小湾。"马洪琪暗下誓言。

2002 年，小湾水电站正式开工，拉开了澜沧江流域梯级水电开发的序幕。作为总工程师，马洪琪以共产党员敢为人先的精神，攻坚克难，主持和参与建设了 30 余座大型水电站，并带领团队取得了大批领先成果——

建成了世界上第一座 300 米级高拱坝；

在世界第三高的糯扎渡心墙堆石坝上，首次成功研发了数字大坝技术；

在世界最高的黄登水电站碾压混凝土坝上，研发建设了一套施工质量智能控制及管理信息化系统；

在景洪水电站大坝通航建筑物上，发明了利用水能作为提升动力和安全保障的水力式升船机，成为"世界首创，中国原创"；

…………

如今，年过八旬的他仍在从事高海拔水电站绿色智能技术研究等工作。

有人问马洪琪："退休后要不要回上海？""不回去了，我的事业、我的团队都在云南，我的心离不开这里了……"他早已把自己融入祖国的水电事业中。在他看来，"是信仰之光照亮了我的前行之路"。

康绍忠（1962— ），农业水土工程专家。2011年当选为中国工程院院士。长期从事干旱区农业高效用水与水资源研究，发展了旱区土壤-植物-大气连续体水热传输与水碳耦合理论及作物耗水计算方法，提出了旱区主要作物的需水指标与灌溉制度，创建了基于生命需水信息的作物节水调质高效灌溉理论与技术体系，建立了旱区流域尺度面向生态的水资源合理配置与调控理论及应用模式。获"国家有突出贡献中青年专家""北京市优秀共产党员"等荣誉称号。1985年加入中国共产党。

康绍忠：
最好的奋斗时代，要为人民多做贡献

陈　鹏

"要有一颗感恩的心，党和国家为科研工作者创造了优良的工作环境、最优的研究平台、最好的奋斗时代，要用自己精湛的技术，回报党和国家，为人民多做贡献。"

——康绍忠在石羊河实验站临时党支部主题党日活动上的发言

1985 年 6 月，23 岁的康绍忠加入了中国共产党。

在那次支部大会上，康绍忠的入党介绍人，也是他的研究生导师——熊运章叮嘱他，要按照共产党员的标准严格要求自己，坚定信仰，爱国奉献。

熊运章是一位 1938 年入党的老党员。"当年，老师在国统区 ① 求学时，冒着被国民党反动派杀头的危险，读进步刊物，参加革命活动，秘密加入党组织。他的经历让我对和平时期入党，并且一生坚守初心有了更深刻的思考。"那时的康绍忠正值硕士毕业，老师的几句挚诚叮嘱，让他一刻不敢忘记。

现在，康绍忠又这样叮嘱自己的学生。他常说："只有对党和国家心怀感激，对农民心存感念，对土地心系感恩，对节水心有感悟，才能在农业科学道路上刻苦钻研、奋发进取。"

石羊河流域是甘肃三大内陆河流域之一，也是我国西北内陆干旱区人口最密集、水资源开发利用程度最高、用水矛盾最突出的地区之一。这里的人们对缺水有着难以言说的感知。

1995 年，时任西北农业大学教授的康绍忠来到石羊河下游的青土湖一带调研。一到当地，眼前的景象就给了康绍忠"当头一棒"：土地龟裂、水干沙起，到处都在喊"渴"。在民勤县东渠乡大号三社，因为没有水，很多人远走他乡，原来 134 口人的村子只剩下 21 口人。

经过细致考察后，康绍忠发现，水资源配置不合理、上中游灌溉面积无序扩大、不科学的农业用水等原因，造成水资源的极大浪费，导致下游用水紧张、难以为继。

---

① 指中国抗日战争和解放战争中国民党统治的区域。

康绍忠深切感到，农业科学用水在这里太重要了。也就是从那一刻起，一个想法在他心中越发坚定：必须为这里做些事，"确保民勤不成为第二个罗布泊"。

从零起步，康绍忠在这片土地上建起实验站，带领团队系统总结了流域内13 种主要农作物和 4 种防风固沙植物的耗水规律，开发了流域尺度面向生态的水资源合理配置与调控技术。

为了获取准确可靠的资料，康绍忠和团队每天一干就是十几个小时，夏天时常冒着高温、顶着烈日观测，汗水湿透了衣服，蚊虫不停叮咬，但他们根本无暇顾及这些，"渴了就喝几口白开水，饿了就啃上几口自带的干粮"。

经过康绍忠和团队的科技引导和务实苦干，终于在 15 年后的 2010 年，青土湖碧波重现。湖水荡漾、野鸭成群、水草丰美，康绍忠"还西北旱区一片绿洲"的梦想实现了！

"得益于党和国家对水资源的重视，经过多年系统治理，我们最终实现了粮食增产、农民增益、水资源节约、生态环境改善等多个目标。"康绍忠说。

在康绍忠这个"领头雁"的带领下，石羊河实验站临时党支部在科研一线发挥了战斗堡垒作用。截至 2021 年 8 月，实验站已培养了 35 位教授、29 位副教授，石羊河节水技术也走向全国，在甘肃、新疆、陕西、山西等地累计推广示范 2338.54 万亩，节水 17.4 亿立方米，直接经济效益达 21.27 亿元。

"农学专业面向'三农'，实践内容多，研究耗时长。"如今，作为中国农业大学教授、中国农业水问题研究中心主任，康绍忠依然奔波在西北旱区一线，从石羊河到阿拉尔，再到黑河流域，都是他不懈奋战的主战场。

情怀

他们探幽析微、上下求索，为生命保驾护航，为民生殚精竭虑，书写了对科学的虔诚、对人民的忠诚

钟南山：
敢医敢言，国士担当

王忠诚：
为共产主义在中国的实现奋斗终身

王振义：
医者赤诚心，坦荡无所求

侯云德：
让人民远离传染病

吴天一：
把根扎在青藏高原

张伯礼：
热泪总为人民而流

陈薇：
关键时刻冲得上去，危难关头豁得出来

朱有勇：
农民需要什么，我就研究什么

李玉：
想把一切献给党，为农民做实事

于维汉：
向克山病宣战

卢世璧：
人民有难时，当然要冲在最前沿

吴明珠：
吐鲁番盆地的一颗明珠

唐启升：
让百姓吃上更多更好的鱼

束怀瑞：
每个党员都要实干

汤钊猷：
因为入党，立志努力工作报效国家

闻玉梅：
科研的目的是为人民服务

刘耀：
领航公安科技，矢志服务人民

陈香美：
永远把病人放在第一位

庞国芳：
解决国家与人民急需就是最大的创新

王俊：
救死扶伤是我的本分

钟南山（1936— ），呼吸病学专家。1996年当选为中国工程院院士。广州医科大学附属第一医院呼吸内科教授，国家呼吸系统疾病临床医学研究中心主任。致力于推动国家重大呼吸道传染病防控体系建设，牵头带领团队建立国际先进的新发特发呼吸道重大传染病"防—监—治—控"链式周期管理体系，建立覆盖全国的流感监测哨点，创立呼吸病毒滴度预警技术，实现全病程纵向动态监测。从"非典"到"新冠"，一直站在抗疫一线。荣获"改革先锋"等荣誉称号。2020年获国家最高荣誉勋章"共和国勋章"。1965年加入中国共产党。

钟南山：
敢医敢言，国士担当

张亚雄

"人民至上、生命至上，是中国抗疫斗争最鲜明的底色。"

——钟南山

2020 年 3 月 2 日，一场特殊的战疫一线火线发展党员入党宣誓仪式在广州医科大学附属第一医院举行。

"现在正是需要党员站出来的时候。"面对党旗，中国工程院院士、广州医科大学附属第一医院国家呼吸系统疾病临床医学研究中心主任钟南山庄严领誓，两名新发展的预备党员也在武汉采用远程视频的方式郑重宣誓。

1965 年 3 月，钟南山加入中国共产党。2020 年 1 月 18 日，作为一名已拥有 50 余年党龄的老党员，钟南山临危受命，担任国家卫生健康委员会高级别专家组组长。那张高铁餐车上满脸倦容的照片，感动了亿万国人，也让无数人感受到何为英雄之举、何为国士担当。

2020 年 1 月 20 日，钟南山在新闻发布会上代表专家组向公众宣布，新冠病毒存在"人传人"现象，有医务人员感染的情况发生。此后，钟南山多次出席新闻发布会，及时为公众答疑释惑。他先后参与共 5 版新冠肺炎诊治方案的撰写及修订；针对新冠病毒的发病特征，及时提出"早发现、早诊断、早隔离、早治疗"，使之成为落实到社区层面的联防联控机制的重要依据。

通过各种视频采访，人们记住了常年挂在钟南山办公室墙上的那四个字——"敢医敢言"，这也是公众对钟南山报以无限信任的重要原因。2003 年抗击"非典"疫情，钟南山认定元凶并非衣原体，而是一种新型冠状病毒，为战胜"非典"疫情做出了重要贡献。17 年后，也正是钟南山的"敢医敢言"，让全社会都对新冠肺炎这一新发传染病保持了足够的警惕性，从而让中国迅速控制住疫情，为国际社会提供了抗击疫情的中国经验。

"作为一名医生，首先应该时刻想着广大人民的身体健康"，铿锵的话语言犹在耳；"武汉本来就是一个很英雄的城市。有全国、有大家的支持，武汉肯定能过关"，在武汉抗击疫情最严峻的时刻，钟南山的哽咽让无数中华儿女为之动容。

2021年5月下旬以来，广东出现新一轮新冠肺炎疫情，85岁的钟南山组织团队在核酸检测、疫情预测、重症救治、疫苗研发等方面紧抓落实，对防控工作提出了宝贵的意见和建议。

2021年，在两院院士大会上，钟南山就疫苗接种等专业问题接受记者专访。权威专业的判断，让公众看到了接种疫苗的重要意义，也看到战胜疫情的希望之光。

2003年以来，无论面对"非典"，还是H7N9禽流感、甲型H1N1流感、中东呼吸综合征（MERS），钟南山总是奔走在抗疫一线，及时发声。这位致力于推动国家重大呼吸道传染病防控体系建设的院士，始终和团队坚守在国际医学研究一线，分享中国抗疫的做法和经验。

"我们相信钟南山"，这句网上最常见的留言，是一份信任，是对一位医者的最高肯定，也是对一位"共和国脊梁"的最佳褒扬。

王忠诚（1925—2012），神经外科专家。1994年当选为中国工程院院士。新中国神经外科事业的开拓者，在神经外科诊断、治疗、科研、教学、预防及流行病学调研等方面进行了系统性研究和实践，取得了突出成就。曾领导完成全国22个省市自治区农村及少数民族地区神经系统疾病的流行病学调查，为国家卫生事业的发展提供了重要信息。带领团队取得国家级奖励8项。1997年获何梁何利基金科学与技术成就奖，2001年获世界神经外科联合会最高荣誉勋章，2008年获国家最高科学技术奖。1960年加入中国共产党。

王忠诚：
为共产主义在中国的实现奋斗终身

金振娅

"我感谢党，感谢国家，感谢伟大的中国人民。我是共产党员，要为共产主义在中国的实现奋斗终身。"

——摘自《中国工程院院士传记：王忠诚传》

新中国的神经外科从无到有、从小到大、从弱到强，每前进一步，都蕴含着王忠诚的辛勤汗水。

在王喆所著的《中国工程院院士传记：王忠诚传》一书中如是写道，王忠诚刚开始当医生的时候，并没有意识到自己的工作和生命与中国神经外科事业有什么联系。但是，后来情况不同了，他加入了中国共产党，党对他委以重任，把建设新中国神经外科的重担放在他肩上，才使他后来能有如此卓越、辉煌的成就。

"我一生最大的理想，就是能为国家和民族做点贡献。"王忠诚曾经这样表达自己的感情。

他是这样想的，也是这样做的。

新中国成立以前，我国的神经外科几乎是一片空白。1951年冬天，年仅26岁的王忠诚，随抗美援朝医疗队来到鸭绿江畔，在一片荒林雪野里搭起土坯，抢救从前线送来的志愿军伤员。

战场上的伤员很多都是颅脑外伤。看到这些和自己年纪相仿的年轻人，为了祖国和人民的利益，一个又一个地牺牲，王忠诚束手无策，强烈的愧疚之情充满了他的内心。

也就是在那时，王忠诚立志一定要做一名神经外科医生。在我国神经外科先驱赵以成教授的指导下，他不负使命，极大地开拓和发展了我国神经外科事业，成为我国神经外科事业的主要开拓者。

终其一生，王忠诚都在探索人脑的奥秘。他撰写了我国第一部脑血管造影术方面的专著《脑血管造影术》，推进脑血管造影术成为神经外科诊断的主要方法，使我国神经外科诊断的危险性由2%~3%降至0.2%~0.3%，缩短了我国与发达国家之间近 30 年的差距；率先在国内采用显微技术，使神经外科手术效果发生了质的飞跃，颅内动脉瘤死亡率由 10% 降至 2%，脑血管畸形死亡率由 15% 降至 1%；攻克神经外科手术禁区，解决了脑干肿瘤、脊髓内肿瘤、丘脑肿瘤、颅底中线肿瘤等一系列世界性医学难题，把我国神经外科手术水平带入了世界先进行列。

83 岁时，王忠诚荣获了 2008 年度国家最高科学技术奖。在颁奖大会上，他在代表全体获奖科技工作者发言时说道："这充分体现了党和国家对科技事业的高度重视和对科技人员的关怀，荣誉属于全体科技人员。"

在发言中，王忠诚感谢了党，感谢了他的团队，感谢了家人，感谢了患者，唯独没有提自己的成就。可是，他提到了今后的奋斗目标："把我们的医院和学院办好，办成世界一流科学基地，能够培养更多年轻人为患者服务。"

立足国内，放眼世界，王忠诚始终站在神经外科事业发展的最前沿，闯过了一个又一个医学禁区，创造了一个又一个世界第一，多次为祖国赢得荣誉。他曾应邀与 36 个国家的学者进行深入的学术交流，曾是世界卫生组织神经外科专家咨询团成员，曾获得世界神经外科联合会最高荣誉勋章……

2012 年 6 月 1 日，经国际天文联合会小天体命名委员会批准，中国科学院国家天文台将国际编号为 18593 号的小行星永久命名为"王忠诚星"。

如今，在浩瀚的苍穹中，"王忠诚星"依然闪耀，王忠诚培养的一代又一代神经外科医生，仍然在为普天下的患者服务。

王振义（1924— ），内科血液学专家。1994年当选为中国工程院院士。上海血液学研究所名誉所长，上海交通大学医学院及附属瑞金医院终身教授。长期进行血栓和止血方面的研究，在国内首先建立血友病A与B以及轻型血友病的诊断方法；在国际上首先倡导应用全反式维甲酸诱导分化治疗急性早幼粒细胞白血病，获得很高的缓解率，为恶性肿瘤在不损伤正常细胞的情况下通过诱导分化疗法取得效果这一新的理论提供了成功的范例。获得肿瘤研究相关国际奖项6项，国家级奖项7项，包括2010年度国家最高科学技术奖。

王振义：
医者赤诚心，坦荡无所求

崔兴毅

"血液病有很多种，还有许多治不好，这个领域还有很深的学问和无穷的知识要学习，需要年轻一辈努力去攻克。"

——王振义

1948 年，王振义大学毕业，留在上海瑞金医院担任住院医师。当时，我国血液科发展基础比较薄弱，能参考的资料也不多，他只能自己一点点摸索。1978 年，改革开放的春风吹遍大地，瑞金医院的科研氛围日趋浓厚，为了更好地进行血液类疾病研究，王振义向医院申请了一间不到 5 平方米的实验室，他的科研之路就此起步。

当时，急性早幼粒细胞白血病是一种十分"凶险"的白血病，致死率非常高，国际上还是以化疗作为通行治疗方法，但效果并不好，患者化疗 5 年后的存活率只有 10%~15%。

那时王振义刚刚开始进行研究，尝试了很多方法和药物，总是不得其法。他和团队没有放弃，经过 8 年的不懈努力，终于发现全反式维甲酸可以在体外将急性早幼粒细胞白血病细胞诱导分化为正常细胞。

一天，一个 5 岁的小姑娘被送来医院，高烧不退、流血不止。经诊断，女孩属于晚期急性早幼粒细胞白血病，病情恶化非常迅速。王振义得知后，为了挽救小女孩的性命，大胆采用了刚刚验证成功但还没有用于临床的治疗方法——全反式维甲酸诱导分化疗法。7 天后，小姑娘病情好转，一个月后竟然完全缓解了！

这种在当时众人存疑的治疗方式，就是后来被人们冠之以"上海方案"的白血病治疗法。后来，王振义陆续在其他患者身上运用这一疗法，患者病情都有所好转。

白血病可以被治愈了？

让人惊呼的不只是该疗法的显著疗效——病患早期完全缓解率高达 85%~90%，更有该疗法的安全性和可及性——不抑制造血、不引起出血，只需口服、价格低廉。

"急性早幼粒细胞白血病患者的 5 年存活率已高达 95%！"世界轰动了！这是白血病治疗的"中国革命"！该成果发表在国际权威期刊《血液》上，这篇论文更是被誉为"世界血液学领域百年最具影响力的 86 篇学术论文之一"。

"有些医学上的创新就是在人家已有研究的基础上，再多问一个为什么，没准就能发现新的理论。"在王振义看来，创新首先要有足够的知识储备。"比如大家都知道，有一种肿瘤干细胞，它可以生出肿瘤。如果把变为肿瘤的干细胞杀死，肿瘤也就治好了，这不就是一个方向吗？这也是一个想象。"

为党为国家贡献力量，是王振义孜孜以求的。

抗美援朝时期，王振义主动请缨，加入上海第五批抗美援朝志愿医疗队，前往黑龙江勃利县后方医院救治伤员。

获得 2010 年度国家最高科学技术奖后，王振义将 500 万元奖金中的 450 万元捐给了上海血液学研究所，另外 50 万元则分给研究团队中的年轻人。在他看来，医生追求的是崇高的境界，为人类健康做出贡献，不计较名利。

与学生一起撰写的论文，王振义总是坚持把自己的名字排在最后。"很多人问我为什么总是把自己的名字放在论文作者的最后一位，甚至不署名，我觉得很多论文是大家共同研究的结果，应该让更多人享受研究成果。"

2021 年 6 月 30 日，上海交通大学医学院举行庆祝中国共产党成立 100 周年大会，在大会尾声，王振义带领全场师生和医务工作者高唱《没有共产党就没有新中国》，铿锵有力的歌声慷慨激昂，久久回荡！

侯云德（1929— ），医学病毒学专家。1994 年当选为中国工程院院士。从事医学病毒学研究半个多世纪，在分子病毒学、基因工程干扰素等基因药物的研究和开发以及新发传染病控制等方面有突出建树，为我国医学分子病毒学、基因工程学的研究和生物技术的产业化，以及传染病的防治做出了重要贡献。2009 年甲型 H1N1 流感大流行期间，作为联防联控机制专家委员会主任，与全国著名科学家一起协同创新，在人类历史上首次对流感大流行的人为干预获得成功。获国家科学技术进步奖一等奖 2 项、二等奖 7 项，获 2017 年度国家最高科学技术奖。1981 年加入中国共产党。

侯云德：
让人民远离传染病

袁于飞

"科学家要敢讲真话，为国家和人民着想，不能只计较个人得失。"

——侯云德

侯云德一直在与病毒"赛跑"。

作为一位在一线研究病毒和传染病防控的科学家，侯云德还是一位具有崇高信仰和家国情怀的共产党员。正是因为无数像他这样的科学家的努力，我国广大人民才远离了传染病的困扰。

侯云德 1929 年生于江苏常州，1962 年在苏联取得医学科学博士学位，归国后一直从事医学病毒学的研究。

在病毒肆虐、缺医少药，尤其是抗病毒特效药匮乏的历史时期，侯云德成功研发了国人用得起、具有广谱抗病毒作用的重组人干扰素 α-1b。

侯云德始终站在时代和科技的前沿，勇于创新。20 世纪 80 年代初期，他把分子生物学带入我国病毒学研究领域，完成了痘苗病毒天坛株的全基因组测序；80 年代末期，他带领团队开始了新型病毒载体研制和丙型肝炎致癌性的开创性研究并取得突出成绩。

一代人有一代人的奋斗，一个时代有一个时代的担当。在侯云德看来，祖国的需要就是他努力的方向。他最早提出实践科学研究要面向社会和产业需求。除了重组人干扰素 α-1b，他还带领团队相继研制出 1 个国家 Ⅰ 类新药和 6 个国家 Ⅱ 类新药，推动了我国现代生物医药产业的发展。

侯云德不仅做好了科研工作，还为我国生物技术领域提出了战略发展路线。在担任我国 863 计划生物和医药技术领域首席科学家的 10 年间，他通过顶层设计，团结我国生物技术领域的老中青专家，出色地完成了高产、优质、抗逆动植物新品种 101 项，新型药物、疫苗和基因治疗 102 项，以及蛋白质工程 103 项等前沿高技术研究。

然而，无论事业发展到什么阶段，无论时代如何变迁，"科学报国"永远是科学家不懈奋斗的动力之源，也是侯云德的初心。

2009 年，全球暴发甲型 H1N1 流感病毒疫情，在国务院的领导下，我国成立了由卫生部牵头、多部门参加的联防联控工作机制。侯云德作为专家组组长，针对防控中的关键科技难题，开展了多学科协同攻关，取得了 8 项"世界第一"的研究成果，在国际上首先研制成功灵敏性和特异性均优异的甲型 H1N1 流感病毒快速诊断试剂，在全球首次系统地揭示了甲型 H1N1 流感的临床特征和规律，显著降低了病死率。

清华大学作为第三方的系统评估结果表明，我国甲型 H1N1 流感的应对措施大幅度降低了我国的发病率与病死率，减少了 2.5 亿人发病和 7 万人住院。世界卫生组织也根据中国经验修改了"打两剂"的建议。

我们的传染病防控事业在过去的 10 多年间取得了飞速发展，从 2009 年的甲型 H1N1 流感大流行，到最近几年的 H7N9、H10N8、H5N6 禽流感病毒、中东呼吸系统综合征冠状病毒、寨卡病毒、埃博拉病毒和新型冠状病毒等新发突发传染病，我国都采取了有效的防控措施，侯云德的顶层设计和战略把握在其中发挥了重要作用。

20 余年初心不改，52 岁那年，侯云德加入了中国共产党。

"科学家要敢讲真话，为国家和人民着想，不能只计较个人得失。"89 岁的侯云德在获得 2017 年度国家最高科学技术奖时，如是说道。众望所归，人民大会堂里掌声如潮。

吴天一（1935— ），高原医学专家。2001年当选为中国工程院院士。我国低氧生理和高原医学的主要学术带头人，投身高原医学研究50余年，提出高原病防治救治国际标准，开创"藏族适应生理学"研究，诊疗救治藏族群众上万名。青藏铁路建设期间，主持制定了一系列高原病防治措施和急救方案，创造了铁路建设工人无一例因高原病致死的奇迹，被称为"生命的保护神"。获国家科学技术进步奖特等奖1项、二等奖4项，获光华工程科技奖、玻利维亚国家高原医学荣誉奖、吴阶平医学奖等奖项。1982年加入中国共产党。

吴天一：
把根扎在青藏高原

崔兴毅

"虽然我今年已经八十多岁了，但是仍要响应党和总书记的号召，八十再出征，在新的征程上为人民立下新功。"

——摘自吴天一《坚定信仰，严以律己，
做一个永不褪色的共产党员》主题报告

2014 年，西藏自治区墨脱公路正式通车的次年，当地群众听闻县上请来一位医术高超的"门巴族老大夫"，十里八乡的人们慕名求诊，甚至有骑马、骑驴赶来的。

这位"门巴族老大夫"就是吴天一，我国高原医学事业的开拓者。墨脱公路通车后，他赴实地开展高原病调查，还很快学会了用门巴语交流，以至于被群众误以为是门巴族的大夫。

了解吴天一的人，都惊叹于他的语言才能：出生在塔吉克族家庭，读书时说得一口字正腔圆的普通话，大学修过俄语，到青海工作后自学成为"藏语通"，如今英语也不在话下。

20 世纪 80 年代，吴天一曾主持了一场大型田野调查，历时数年，到过青海、西藏、四川、甘肃等地的大部分高海拔乡镇牧村，收集了大量临床资料，最终提出藏族群众已获得"最佳高原适应性"的论点，对发生在青藏高原的各型急、慢性高原病做出了科学性的系统研究，影响深远。

能用娴熟的藏语沟通，得益于吴天一日积月累打下的底子。早在 1958 年，从中国医科大学毕业的他就响应党的号召，毅然奔赴青海支援西北建设，初到高原，他开始自学藏语，后又长期坚持练习。

1990 年，吴天一和中日联合医学学术考察队来到阿尼玛卿山，想在这里探寻高海拔地区人类的生理奥秘。

但很快就有队员产生了高原反应，是停下来还是继续？带着对未知领域的追求，吴天一带领其他人员继续向海拔 5620 米的极高地区迈进，最终成功攀登，并在此建立了高山实验室。由于团队取得的成果非常丰硕，吴天一还被国际高山医学协会授予"高原医学特殊贡献奖"。

经常爬这么高的山，身体怎么吃得消？吴天一就是要和自己的身体极限做个"挑战"！

可模拟上到 1.2 万米高空、下到水下 30 米的全球首个综合氧舱诞生了，设计者竟然是吴天一，他给自己做了个"装备"！"装备"做出来了，得有人试，谁来做第一个人体试验呢？

"我亲自来！"但不幸的事情发生了，吴天一的右耳鼓膜被击穿了，因为在实验中，气压变化太快了！

为了科研，他已经牺牲了太多太多——

长期野外工作，强光照射紫外线损伤了他的双眼，40 岁就患上了白内障，为了不影响工作，只能植入人工晶体；

上高原高山，路途颠簸，车祸频出，骨折超过 14 处，大腿只能装上钢板；

随着年龄的增大，心脏又装上了起搏器，但吴天一很乐观，在他眼中，这就是他和高原病斗争的"武器"；

…………

吴天一说，要想攀上高原医学的高峰，他只能这么做。的确，现在的他还在奋力攀登。

吴天一曾到青海给当地一所职业技术学校上开学第一课，这个 80 多岁的老人坚持站着给"00 后"上课，还自己写了讲稿，并且在结尾处如此写道："青藏人民正展开双臂迎接你，你的事业就在这里。"

这是寄语，也是回望，在吴天一的心头，这句话久久回响。

张伯礼（1948— ），中医内科专家。2005年当选为中国工程院院士。长期从事心脑血管疾病防治和中医药现代化研究工作。开展中医舌诊客观化研究，开拓了舌象色度学和舌底诊法研究方向；明确了中风病证候和先兆症动态演变规律，建立了综合治疗方案；创立了脑脊液药理学方法，揭示了中药对神经细胞的保护作用机制；开展了中药方剂关键科学问题研究，创建了以组分配伍研制现代中药的途径和关键技术；完成了首个中医药对冠心病二级预防大规模循证研究，建立了中医药循证评价系列方法。获国家科学技术进步奖一等奖、何梁何利基金科学与技术进步奖等奖项。获"全国先进工作者""全国优秀共产党员"等荣誉称号，2020年被授予"人民英雄"国家荣誉称号。1988年加入中国共产党。

张伯礼：
热泪总为人民而流

崔兴毅

"国有危难时，医生即战士。宁负自己，不负人民！"

——张伯礼

2003 年，抗击"非典"，他挺身而出；庚子新春，迎战新冠，他逆向而行。

有人问："您年事已高，是不是可以不必到前线来？"

他断然拒绝："不！疫情不严重，国家不会点我的名。作为一名共产党员，我必须来，而且还要战斗好！"

他就是年过古稀的中国工程院院士张伯礼。2020 年 9 月 8 日，在全国抗击新冠肺炎疫情表彰大会上，张伯礼被授予"人民英雄"国家荣誉称号。

面对荣誉，张伯礼说得最多的一句话是"唯代中医人受誉"。

2020 年 1 月 27 日，农历大年初三，作为中央疫情防控指导组专家组成员，张伯礼飞赴武汉投身抗疫最前线。面对尚有很多未知的新冠病毒，他心里却有一份底气，那是对中医药的信心。

那时的武汉，发热门诊外阴冷潮湿，门诊内人满为患。"一定要有中医药阵地，有阵地就能充分发挥中医药的独特优势。"2020 年 2 月 12 日，张伯礼率领来自天津、江苏、湖南、陕西、河南等地的 350 余名医护人员组成中医医疗团队，进驻武汉市江夏区方舱医院。问诊患者，看舌象、摸脉象，对症拟方……在他的推动下，中医药全过程介入新冠肺炎的救治。

"疫情来了，医务工作者义不容辞，必须要冲上前去。治疗、救人是职责所在，我只是干了我应该干的事。"张伯礼心里始终装着自己深爱的中医药事业。

20 世纪 60 年代末，医学院校毕业的张伯礼来到渤海之滨的一家乡村卫生院工作。在那里，他亲眼看到老中医用普通的中草药配方治疗病痛，并取得了较好的疗效。于是他对中医药产生了浓厚的兴趣。

上中医班，跟师门诊，成为天津中医学院（现更名为天津中医药大学）首届研究生……在学习中医的道路上，张伯礼稳扎稳打。

乡村卫生院的工作经历，让他真切感受到农村缺医少药的困苦。那段岁月，他整天脚踏自行车，背着大诊包，无论白天黑夜、刮风下雨，奔走在田间小路、海上渔船、建筑工地，积累了丰富的临床经验。"用自己的医术救死扶伤，为患者解除病痛，我很有成就感。"张伯礼说。

2015 年，张伯礼领衔完成的"中成药二次开发核心技术体系创研及其产业化"项目获得国家科学技术进步奖一等奖，赋予了古老的中医药现代科技内涵。

"二次开发可以回答像六味地黄丸一样的中药，其药效物质是什么，留哪些东西，扔哪些东西，控制哪些东西。这些都要靠扎实的临床经验和基础研究。"张伯礼说。

如今，张伯礼还会到天津中医药大学第一附属医院出诊。有时，他从外地赶回来，连饭都顾不上吃，在诊桌前一坐就是几个小时。"他是那样亲切儒雅，实实在在，没有一点架子，让我们感到心里很踏实。"他的患者这样说。

大医精诚，杏林春暖。

陈薇（1966— ），生物安全专家。2019年当选为中国工程院院士。长期从事生物防御新型疫苗和生物新药研究，主持建成创新体系和转化基地，成功研发我军首个病毒防治生物新药、我国首个国家战略储备重组疫苗和全球首个新基因型埃博拉疫苗。2014—2015年西非埃博拉疫情期间，率队赴非洲疫区完成埃博拉疫苗临床试验，这是我国第一次在境外开展中国疫苗临床研究。历经狙击"非典"、汶川救灾、奥运安保、援非抗埃等重大任务历练，带出一支学科交叉、拼搏奉献的生物防御队伍。2020年被授予"人民英雄"国家荣誉称号。1999年加入中国共产党。

陈薇：
关键时刻冲得上去，危难关头豁得出来

崔兴毅

"要牢记自己的使命，在关键时刻冲得上去，在危难关头豁得出来，这才是真正的共产党员。"

——陈薇在军事科学院军事医学专家组火线入党仪式上的发言

2020 年初，一场突如其来的新冠肺炎疫情席卷而来，武汉像被按下了"暂停键"。

军令如山，冲锋向前。中央军委一声令下，中国工程院院士、军事科学院军事医学研究院研究员陈薇迅速带领军事医学专家组奔赴武汉，果断分工部署，将团队分为应急生产和应急科研两部分。

"做最坏打算、最充分方案，准备最长期奋战。"面对疫情防控初期武汉对核酸检测能力的应急需求，陈薇带领专家组在一天之内就搭建起帐篷式移动检测实验室，利用军事医学研究院自主研发的检测试剂盒，迅速形成了日检 1000 人份的核酸检测能力，有效缓解了一线检测压力。

"除了胜利，别无选择！"在疫苗研发最吃紧的时刻，陈薇许下这份承诺。三天，五天……直到采集的血液样本出现免疫应答，整个团队悬着的心才放下来。

2020 年 3 月 16 日，我国重组新冠疫苗启动 I 期临床试验，成为全球首个进入临床研究阶段的新冠疫苗。

4 月 12 日，疫苗开展 II 期临床试验，成为当时全球唯一进入 II 期临床试验的新冠疫苗。

8 月 11 日，疫苗获得国家发明专利授权……团队全力推进新冠特异性治疗抗体药物和改善后遗症生物新药的临床应用。

在武汉的移动实验帐篷里，陈薇和团队每天只睡三四个小时，有时甚至 24 小时无休。这是一个用疫苗捍卫生命的过程，虽然每走一步都充满未知与艰辛，每走一步都面临着巨大的压力、风险与挑战，但整个团队在全世界关注的目光中，一步步走出了中国科研工作者的成就与尊严，用实际行动写就了

"首战用我，用我必胜"的铿锵誓言。

2020 年 9 月 8 日，全国抗击新冠肺炎疫情表彰大会在京举行，陈薇被授予"人民英雄"国家荣誉称号。"她以前头发没有一根白的，这次白了，她真的太操心了。"看到电视里陈薇走上领奖台，眼尖的母亲一眼发现了女儿的变化。

陈薇的朋友评价她："不是在实验室，就是在去实验室的路上。只要她一钻进实验室，啥时候出来就不知道了。"陈薇则说："穿上了这身军装，这一切就都是我该做的。"

1991 年，刚获得清华大学工学硕士学位的陈薇没有选择高薪的工作，而是参军入伍。此次奔赴武汉，陈薇并不是第一次与病毒"短兵相接"。在与病毒的较量中，陈薇拿下了一个又一个军功章——从抗击"非典"时研制出预防性药剂重组人干扰素 ω，到远赴西非研制出全球首个 2014 基因突变型埃博拉疫苗，再到为新冠肺炎疫情防控做出重要贡献……

无论是从前还是现在，陈薇以不变的初心、矢志报国的情怀和行胜于言、勇往直前、着力攻克关键核心技术的科研创新精神，在生物安全领域捍卫着人类健康、国家形象、人民安全。这也是她对自己未来的期许。

朱有勇（1955— ），植物病理学专家。2011年当选为中国工程院院士。云南省科学技术协会主席，云南农业大学名誉校长。带领团队开创性地研究了生物多样性控制病虫害的效应和机理并推广应用。多次获得国际、国家级和省部级奖励，如联合国粮农组织颁发的国际稻米年科学研究奖一等奖、国际农业研究磋商组织优秀成果奖、国家技术发明奖二等奖、国家科学技术进步奖二等奖等；获"时代楷模""全国脱贫攻坚先进个人""全国优秀共产党员""全国杰出专业技术人才"等荣誉称号。1981年加入中国共产党。

朱有勇：
农民需要什么，我就研究什么

金振娅

"党旗所指就是奋斗方向，能用自己的研究成果帮助边疆民族脱贫致富，是我的最大快乐。"

——朱有勇

"我最年轻，我来干！"面对当时贫困发生率高达 41.17% 的云南普洱市澜沧拉祜族自治县（以下简称"澜沧县"），朱有勇毅然决然地担起了中国工程院对口支援的重任。

那一年是 2015 年，身为云南农业大学植物病理学专家的朱有勇已不年轻，即将在年底迈入花甲之年。可当时他认为，自己是云南最年轻的中国工程院院士，当然义不容辞。

没有耽搁，朱有勇带着团队，奔赴位于我国西南边陲的澜沧县。

一到地方，没有停歇，朱有勇马不停蹄地深入澜沧县各村寨，到多位农户家中进行调研。俯下身子，跪在地上，观察土壤、环境，朱有勇发现澜沧县自然资源丰富、生态环境优良，人均可利用土地多、种植条件好，不愧拥有"边陲宝地"之美誉。

但是，为何富不起来呢？"拉祜族是从原始社会直接进入社会主义社会的直过民族①，全县人均受教育年限仅为6.3年，素质性贫困造成该地区贫困面广、贫困程度深、脱贫难度大，是云南省脱贫攻坚的主战场之一。"出生于农村的朱有勇感到心痛，"我们来晚了，必须抓紧每一分每一秒！"

"农民需要什么，我就研究什么！"这是朱有勇的初心，也是他不断创新农业科学技术的动力。作为一名党员，"响应党的号召，投身脱贫攻坚的主战场"，他认为，这是他的责任。

把实验室搬到田间地头，在村里建立科技小院，每年 200 多天和当地村民同吃同住同劳动，朱有勇带领团队，按下了澜沧县脱贫的"快车键"。

寒来暑往，转眼就是 4 年多，随着科技力量的注入，曾经的"冬闲

---

① 指在新中国成立后，从原始社会末期等社会形态直接过渡到社会主义社会的民族。

田”变成“效益田”，平均亩产 3000 公斤的冬季马铃薯，为每户增加收入 2500 ~ 7000 元；在松树林下有机种植草药三七，每亩效益达 6 万 ~ 8 万元，农户每亩收入达 6000 元；开办全国首创的院士专家技能扶贫实训班，让 2000 余名农民学到了“冬季马铃薯”“林下三七”“冬早蔬菜”等栽培技能。

昔日人畜混居的脏乱山村，仿佛擦去了尘埃，焕发出勃勃生机。2019 年，这个美丽的县城，实现了从深度贫困的“民族直过区”到“云南省科技扶贫示范县”的跨越，贫困发生率降至 1.28%，成为全国科技扶贫的有力示范。

科技扶贫靠单个人扶贫是不会长远的。在中国工程院的支持下，朱有勇带动了 100 多位中国工程院院士专家加入“扶贫大军”——邓秀新院士带来了柠檬优质种植技术，荣延昭院士开展了饲草玉米的种植与推广，陈宗懋院士开展了茶叶优质生产的推广……

拥有 40 余年党龄的朱有勇认为，个人的前途必须与党的事业、国家的昌盛、人民的富裕紧密结合起来，这样才能更好地实现人生价值。

40 多年来，朱有勇在农业生物多样性领域进行了开创性研究，阐释了生物多样性控制病虫害的原理与机制；创建了遗传多样性、物种多样性和生境^②多样性控制作物病虫害的理论和方法，制定了技术规程和标准，创新成果在国内外推广应用范围达 3 亿多亩，被认为是国际上生物多样性促进粮食安全的成功范例；把论文写在大地上，为广大农民脱贫致富做出了杰出贡献，被授予“时代楷模”“全国脱贫攻坚先进个人”等荣誉称号。

多年来，朱有勇就是这样，以炽热的家国情怀，投身党和国家交给他的伟大事业之中，向祖国和人民递交了一份爱国科学家的时代答卷。

---

② 指物种或物种群体赖以生存的生态环境。

李玉（1944— ），菌物学家。2009 年当选为中国工程院院士。建成了国内前列水平的菌类种质资源库，仅黏菌就报道了 400 余种，发表新种 55 个，此前尚无中国人命名的新种；在食用菌领域筛选培育出 60 个品种；创新改进了全日光栽培黑木耳等 8 项关键技术，改变了传统栽培模式；累计推广 50 多亿袋菌包，创造直接经济效益近 60 亿元。获国家自然科学奖二等奖、教育部高等学校科学研究优秀成果奖（科学技术）一等奖等奖项。2021 年获"全国脱贫攻坚楷模"荣誉称号。1982 年加入中国共产党。

李玉：
想把一切献给党，为农民做实事

詹 媛

"不忘初心就是在为党为国为民服务时，让科技更加闪光，做出让老百姓看得见、摸得着、用得上，实实在在的科技成果。"

——李玉

"38 年 2 个月 10 天。"

以"天"计数的岁月，该是何等珍视的日子。

但，这不是年岁，也无关爱情，这是院士李玉的党龄。

那次给学生们讲党课，他脱口而出这一连串数字。这份与党绵绵不绝的情缘，令同学们为之一震。

李玉人称"木耳院士"，习近平总书记在陕西省柞水县小岭镇金米村考察过的木耳产业，就是他培育的。作为"全国脱贫攻坚楷模"，李玉还在吉林黄松甸、汪清等地栽培木耳……他的"小木耳"帮助多地农民脱贫致富，形成了大产业。

"我想把一切献给党，真正为农民做点实事，决心要和农民做朋友。"回忆起几十年前那个平常又特殊的日子，李玉语气平静却有力。

这是李玉的初心，意气风发，矢志不渝。

1967 年，李玉被分配到风沙干旱地区吉林白城工作。"房屋越来越矮、越来越少，逐渐变得荒凉。"乘火车一路北上，李玉眼前的景象这样变换着。那时，去白城必备三样东西——口罩、帽子和纱巾，"因为当时的白城全年风沙漫天，离了这套东西无法开展工作"。

"我并不觉得艰苦，而是觉得能够塑造自我，锻炼自己。"李玉乐观地看待在白城艰苦的科研和孤独的生活。他带着很多品种到白城的公社里，到青年队、山里的试验站做试验。

他春节也不回家，领着知青们在集体户里过年，还把当地的长辈和农民朋友都招呼来。"支起杆子把红灯笼挑起来，我和他们开玩笑，咱们可以吃百鸡蛋宴，大伙儿在一块过了非常愉快的春节。"李玉回忆。

"试验"和"百鸡蛋宴",让李玉忘却了白城的风沙。"在那里工作的10年,是我人生中不平凡的10年。在这个环境中,我实践过、奋斗过,挥洒过自己的汗水和泪水,也与农民朋友们建立了深厚的感情,这非常宝贵。"他说。

在白城,李玉更加坚定了自己的初心——"为党为国为民服务时,让科技更加闪光,做出让老百姓看得见、摸得着、用得上,实实在在的科技成果"。

多年后,李玉已经是国际药用菌学会主席,在科研上的贡献具有世界影响力。作为我国为黏菌新种命名的第一人,他还带领团队研究我国的菌物资源基础,6万余份标本与菌株,都是靠双脚踏遍原野森林,靠双眼一寸一寸搜寻得来的。

"我很希望更多农民能跟着我种好蘑菇,卖好价钱,通过蘑菇来致富。以我们的科学成果真正指导产业创造新局面。攀高峰不是一个人攀高峰,不是一篇文章攀高峰,而是要真正让成果落地,改变当地面貌。"与农民摸爬滚打在一起,李玉将对党的深情与初心深深根植在田野大地。

将党龄铭刻于心的李玉,始终是不满足的。老骥伏枥,如今的他将目标锁定在了美丽乡村建设上,希望把食用菌产业继续做大做强。"身为共产党员,不应躺在原有的功劳上,而应该不断创新,推出新成果,为科学做出新贡献。"

这位"木耳院士",总是说自己"不是科学家"。"种蘑菇的农民"——在菇棚里不辨你我的"老菇农",才是他给自己的定位。

于维汉（1922—2010），地方病学专家。1997 年当选为中国工程院院士。提出克山病营养性生物地球化学病因学说，并据此用大豆及其制品预防克山病，使发病率明显降低；提高了克山病治愈率，急型治愈率由 30% 提高到 95%，慢型和亚急型 5 年死亡率由 90% 下降到 25% 以下；在克山病营养性生物地球化学病因学说研究领域取得重大进展；创办并主编《中国地方病学杂志》，主编《中华人民共和国地方病与环境图集》，为深化地方病病因研究提供了科学依据。在新中国成立 70 周年之际，荣获"最美奋斗者"称号。1956 年加入中国共产党。

于维汉：
向克山病宣战

金振娅

"克山病的防治和研究不是我一个人搞的。搞科研最讲团结和协作，能尊重别人、愿意和别人合作的人，才能成大器。"

——于维汉

一个人做一件好事不难，难的是一辈子做好事！

在我国地方病首席专家于维汉的一生中，他做了许许多多的好事，而最被学界称道并让百姓感念的，就是防治克山病。

克山病，对现在的年轻人而言，已经显得有些陌生。它是一种原因不明的地方性心肌病，暴发时以猝死多见，主要危害农耕人群中的妇女儿童，曾经危及我国1亿2400万人的生命。

1953年的冬季，克山病在中国最严寒的黑龙江省暴发。一支由哈尔滨医科大学组成的医疗队奔赴病区。医疗队的队长就是于维汉，当年英姿勃发的他正担任哈尔滨医科大学附属医院内科的主任。

就是这次组织交付的特殊任务，彻底改变了于维汉的人生。从此，他的命运和病区的百姓紧紧地联系在了一起。

当时，医学界对克山病的研究还是一片空白。没有资料积累，没有实验设备，从哪里着手呢？

"为农民搞科研要走自己的路，要坚持实践第一。"身为共产党员，凭着这份担当和睿智，于维汉"死磕"克山病，坚持了50多年。他走遍了黑龙江省每个有重病患者的村屯，辗转于辽宁、吉林等16个省份调查研究、办班讲学。

1964年，围绕克山病流行地区缺硒、缺锰、蛋白质和维生素 E 摄入低等情况，于维汉在黑龙江省富裕县建起了克山病防治观测站，对1.6万人开始了长达22年的综合性研究。同年，在中央的支持下，哈尔滨医科大学创建了克山病研究室。

对病区的百姓而言，于维汉就是拯救苍生的大医！多年来，于维汉系统诊治了6000多名各型克山病患者，主持了500多例死亡患者的解剖，做了5000

多次动物实验，取得了第一手资料。为了抢救重患，于维汉常常几天几夜不眠不休，甚至口对口地给危重患者做人工呼吸。

功夫不负有心人！有一次，于维汉试用葡萄糖、亚冬眠和适当补液的办法抢救危重病人，收到了意外效果。从此，于维汉的亚冬眠和适当补液疗法成为抢救治疗急型克山病人的通用疗法，这成为克山病防治史上的一大突破，急型克山病的治愈率由 30% 提高到 95%。

于维汉从事克山病防治研究以来，一直坚持走自己的科研道路。他首次阐明了克山病的发病时间、空间与人群的分布特点，提出了全国统一的克山病分型标准、诊断标准及病区划定标准。

改革开放后，由于维汉倡导和主持的楚雄克山病综合性科学考察（1984—1986），有 7 个省市 16 个防治研究单位的 293 名专家参加，地学、农学、医学等多学科协作，阐明了楚雄克山病的流行特点、发病因素及防治对策，从细胞分子水平进一步揭示了克山病发生的规律。

于维汉不仅是我国防治克山病的泰斗，也是一位杰出的教育家。他从教近60 年，教过的本科生数以万计；作为我国第一批博士导师，1978 年起他开始培养心血管疾病和地方病（克山病）的研究生，20 多年来共培养硕士生 38 名、博士生 32 人，如今他的学生大都在各自岗位上发挥着重要作用。

2010 年 11 月 17 日 0 时 10 分，于维汉与世长辞。追悼会上，他静静地躺在鲜花丛中，身上覆盖着鲜红的党旗，经过半个世纪的奋斗，于维汉完成了自己的历史使命，为我们留下了一座不畏艰险、治病救人、协作攻关、不断创新的精神丰碑！

卢世璧（1930—2020），骨科专家。1996年当选为中国工程院院士。在国内首先开展了人工关节的系列研究和临床应用；首先开展了火器性神经损伤自体神经束间移植术及周围神经再生趋化性研究；研制了化学去细胞神经移植并应用在临床，取得满意效果；首创通过脊髓后根切断对不同方法修复神经后的神经错接率的定量观察；首创形状记忆合金棒治疗脊柱侧弯；成功研制第一个国产CPM机；首先采用微波热疗治疗骨肿瘤；首先利用引导性组织再生概念进行长骨再生实验研究；在国内最先建立冷冻干燥骨库。获国家、军队科学技术进步奖二等奖以上奖励22项，被中央军委授予"模范医学专家"荣誉称号。1979年加入中国共产党。

卢世璧：
人民有难时，当然要冲在最前沿

崔兴毅

"把全部心血和精力献给党和军队的医学事业。"

——卢世璧

在中国人民解放军总医院，寻呼系统就是"总调度"，过去只要寻呼机"滴滴"一响，卢世璧便会闻令而动。于他而言，院士就是战士，是医生更是党员。

"身祇此身要珍重留为家国用，学需便学莫等闲白了少年头"，在 20 世纪 30 年代那个风雨飘摇、强虏恣肆的旧中国，肺结核医学专家卢永春用挂在墙上的书法，在儿子卢世璧心中种下了救民报国的种子。

抗美援朝战争爆发后，卢世璧积极投身志愿军伤员的救治行列。1958 年，已是北京协和医院科室骨干的卢世璧积极响应党的号召，来到西郊荒野，参与建设中国人民解放军总医院。尽管条件差，可他始终坚信"组织的需要就是自己最好的选择"。

20 世纪五六十年代，全世界约有一半中老年人患有关节病，而我国因腿疼丧失劳动能力的人难计其数。当时，国外对我国进行技术封锁。就在卢世璧迷茫时，老师陈景云给他指明了研究方向：去攻克人工关节的研究，填补我国医学空白。

在"一穷二白"的情况下，想攻克中国骨科界的"珠穆朗玛峰"，谈何容易？没有资料，没有图纸，卢世璧硬是凭着一股不服输的劲头，靠着当时国内仅有的一些外文医学杂志上的骨关节图片，用木头刻出了一个人工关节模型。找人画设计图，选金属材料，远赴深山寻找金属钛……每个环节他都亲力亲为。

人工关节要保证插入骨髓后不松动。经过多次试验，1979 年，卢世璧成功研制出固定人工关节的 TJ 骨水泥，填补了国内空白，人工关节置换手术得以广泛推广。

就在这一年，卢世璧加入了中国共产党，他立下誓言：把全部心血和精力献给党和人民，献给医学事业。攻克异体神经移植临床手术排异性难题，首创将记忆合金引入脊柱外科，为患者治愈病痛……他用共产党员的责任担当和知识分子的锐意进取，为国家医学创新、护佑人民健康做出了非凡贡献。

国家科学技术进步奖一等奖、军队科学技术进步奖一等奖……卢世璧创新攻坚的步伐并未因登上荣誉的顶峰而停滞。对党的忠诚和军人的使命感，让卢世璧一次次奔向最危险的地方。

2008 年，汶川大地震发生后，卢世璧主动请战。当时他身患癌症，老伴已去世，女儿挽留，领导规劝，但年近八旬的他还是毅然赶赴震区。饱受老年性骨关节炎病痛折磨的他，一边拄着拐杖挪步子，一边焦急地自责："我要是能走快一点，就能多救一个人。"

在卢世璧的"保肢治疗"下，不少伤员保住了濒临残疾的腿。家属看到满头白发、手拄拐杖的卢世璧，忍不住哭着道谢。

"当人民有难的时候，作为一名老党员，当然要冲在最前沿。"在卢世璧的时间表里，没有暂停，没有休息。而让人悲痛的是，2020 年 3 月 28 日，卢世璧因病逝世，铁医战士终于可以"休息"了……

卢世璧的一生让人倾慕又感叹——在从军从医的人生道路上，他树立了白衣战士一心向党、赤诚奉献的光辉旗帜；在面对险情、危机、挫折的时候，他步履坚定、从未迟疑！

吴明珠（1930— ），园艺学专家。1999年当选为中国工程院院士。我国新疆甜瓜、西瓜育种事业的开创者。新疆农业科学院哈密瓜研究中心研究员。最早进行新疆甜瓜地方品种资源的收集和整理工作，挽救了一批濒临绝迹的资源；建立了甜瓜、西瓜育种和无土栽培的技术创新体系，主持选育经过省级品种审定或认定的甜瓜、西瓜品种达30个，推广面积覆盖新疆主要商品瓜产区的80%，为社会创造经济效益数十亿元。获国家科学技术进步奖三等奖、省部级科学技术进步奖特等奖等奖项。1953年加入中国共产党。

吴明珠：
吐鲁番盆地的一颗明珠

袁于飞

"人生最美好的事情就是，你创造出来的一切都能为人民服务。"

——吴明珠

"瓜……瓜该授粉了"。

一位 90 多岁的老太太，出门前突然嘟囔道。因患阿尔茨海默病，老人已经认不出人了，但有关瓜的记忆依然还在。

这位老人，就是开创了新疆甜瓜、西瓜育种事业的中国工程院院士吴明珠。

2021 年 5 月底，"中国人能自由吃瓜离不开这位奶奶"的话题登上微博热搜榜第一位，全网阅读量超 7.3 亿次。有网民留言向她致敬：今天中国的瓜果这么甜，是因为当年有人帮我们吃了苦！吴明珠始终践行着一名共产党员的初心。

时间回到 1953 年的五一国际劳动节，在重庆西南农学院（西南农业大学的前身，后与西南师范大学合并组建西南大学）的大礼堂，一位圆脸、大眼睛的武汉姑娘举起右拳，面向全校师生宣誓。因为大学期间各方面表现出色，吴明珠光荣地加入中国共产党，成为西南农学院第一批入党的学生党员。她在《我的追求》一文中写道，这一天让她终生难忘。

作为新中国第一批大学生，在那个激情燃烧的岁月，吴明珠剪掉长发，和男生一起跳进试验田里播种、施肥。她在日记里写下："人生最美好的事情就是，你创造出来的一切都能为人民服务。"

吴明珠的同学里，还有后来被誉为"杂交水稻之父"的袁隆平，而她被称为"中国甜瓜女王"。从 25 岁开始，她就扎根新疆吐鲁番，寻找和培育中国的甜瓜。

吐鲁番素有"火洲"之称，夏季室外温度超 40 摄氏度是常有的事。吴明珠在那里习惯了吃馕，学会了一口流利的维吾尔语。带着水和馕，顶着风沙烈日，她走遍了当地 300 多个生产队，为新疆甜瓜建立了第一份档案资料。

听说底坎儿乡有一种品质很好的瓜，吴明珠就和同事们穿过戈壁去寻找。

到了晚上，怕碰到狼，不敢再走，他们就借烧窑人的毡毯，睡在废弃的窑洞边。

1962 年底，吴明珠和同事们一起，把吐鲁番当地所有的甜瓜品种都收集全了，从中系统选育出红心脆、香梨黄、小青皮等品种，帮助当地瓜农用现代科技种瓜。

但当时，当地农民习惯了民间栽培方法，对吴明珠口中的现代科技种瓜并不看好。吴明珠就在当地种瓜能手摩沙老爹的地对面开出了 3 亩荒地种甜瓜，两人打起擂台。

秋季到来，吴明珠种的瓜又大又甜，瓜田被前来看瓜的老乡踩出一条小径。从此，科学技术在新疆的瓜田里落地开花结果。她培育的甜瓜有早、中、晚熟等系列品种，种植面积覆盖新疆主要商品瓜产区的 80%，由此在吐鲁番涌现出一批甜瓜致富村。

吴明珠在国内率先结合远生态、远地域、多亲复合杂交、回交及辐射育种等技术，选育出优质抗病的甜瓜、西瓜新品种，创造了一批新的种质资源；她利用生态差异，长期在新疆和海南两地进行南北选育，创造了一年四季高速育种的成功实践；她在世界上首先转育成功单性花率 100% 的脆肉型（哈密瓜型）优质自交系，已应用于生产。

直到 2017 年，87 岁高龄的吴明珠才恋恋不舍地放下工作。60 多年来，吴明珠培育了 30 多个品种，把瓜的甘甜献给了人民，将中国特色的甜瓜系列品种和完整的育种创新体系推向世界，她被誉为"吐鲁番盆地的一颗明珠"。

吴明珠的女儿杨夏说："这就是我的母亲，她是那一代无怨无悔为祖国奉献一生的赴疆青年的缩影。"

唐启升（1943— ），海洋渔业资源与生态学家。1999 年当选为中国工程院院士。长期从事海洋生物资源开发与可持续利用以及发展战略研究，开拓我国海洋生态系统动力学和大海洋生态系统研究，在渔业生物学、资源增殖与管理、远洋渔业、养殖生态等方面有多项创新性研究，为我国渔业科学与海洋科学多学科交叉和生态系统水平海洋管理基础研究水平进入世界先进行列做出突出贡献。获国家科学技术进步奖二等奖 3 项、三等奖 1 项，获何梁何利基金科学与技术进步奖等奖项。获"全国杰出专业技术人才""国家 973 计划先进个人"等荣誉称号。1993 年加入中国共产党。

唐启升：
让百姓吃上更多更好的鱼

詹　媛

"我做成一件事，一般要有十多年的积累。有了梦想，有了追求，就要脚踏实地，一步一个脚印向前，不能浮夸，更不能弄虚作假。"

——唐启升

累了就躺在沙滩上睡一觉，醒了就继续赶路，饿了全靠烧饼充饥，翻山越岭是"家常便饭"。曾经有 12 年，唐启升都是这样度过的。

12 年里，他用自己坚实的脚步，走遍了山东半岛及辽东半岛东岸的每一个鲱鱼产卵场，经历了台风以及与外国军舰对峙等种种危险，排除万难，获得了大量珍贵的科学考察资料，形成了黄海鲱鱼种群动态与气候变化密切相关的科学思路，为推动我国新渔场开发和渔业的快速发展做出重要贡献。

是党员，就应该发挥先锋模范作用！这是唐启升内心的坚定信念。

多年来，这股信念成了唐启升科研路上的指路明灯。凭借"板凳甘坐十年冷"和"坚持不懈，永不言休"的拼劲，无论是在国内研究还是出国访学期间，他只醉心于祖国的渔业发展和管理实践。

1981 年，唐启升被教育部派往挪威、美国做访问学者。他废寝忘食、昼夜奋战在实验室里，朋友们都说他"人瘦得就剩下两只眼睛还有精神了"。访学期间，他从梭子蟹种群数量与环境的关系入手，成功将环境影响因素添加到亲体与补充量关系的研究中，发表的相关论文引起了国际同行的广泛关注。

访学后期，他意识到海洋生态系统研究将是渔业科学一个新的研究领域和重要发展方向，于 1985 年至 1986 年实施了海上调查，开始从大海洋生态系统的前瞻性角度研究种群变化，构建了我国近海生态系统动力学理论体系框架，推动了大海洋生态系统概念在全球的发展。

海洋科学的科学家并不只在风平浪静的实验室里工作，他们还会出现在巨浪滔天的大洋上。

爱国，是唐启升最深层、最持久的情感。

1993 年，为了让国家能在北太平洋狭鳕保护与管理的国际谈判中争取到话语权，唐启升主动请缨，冲锋在前，带领调查组发扬"一不怕苦，二不怕死"的精神，赴白令海海盆区、鄂霍次克海国际水域进行狭鳕资源声学评估调查研究。

冒着生命危险，唐启升带队进行拖网取样，首次完整地获得了狭鳕等当年生幼鱼在白令海海盆区和公海区的分布与数量等宝贵资料。

两个多月后，在六国"白令公海生物资源保护与管理会议"上，当美国代表团提到白令海公海区没有狭鳕幼鱼时，我方当即公布了科研调查结果。在公海深水区发现当年生幼鱼意味着捕捞国家在那里有捕捞的主权，这个重要的科学发现在国际谈判中为维护国家权益发挥了关键作用，保护和稳定了我国北太平洋狭鳕远洋渔业。

身为党员，唐启升始终牢记为民的初心。"让百姓吃上更多更好的鱼"，这是唐启升 2000 年第一次参加院士大会时讲的一句话，这也是他科研的初心。为推动海洋生物资源可持续开发利用和渔业绿色高质量发展，他将自己的才智贡献给了国家和人民。

唐启升主持的"九五"科技攻关项目对海水养殖容量进行了研究，为我国水产养殖和捕捞种类营养级低、生物产量高的合理性提供了理论依据，促使我国海洋生态系统的研究从结构水平上升到功能水平，明确了海洋生态系统产出的研究和应用方向。2001 年，他与赵法箴院士共同提出"加强海洋渔业资源调查和渔业管理"的建议，推动"南锋号"渔业科学调查船问世，为"科技兴海""渔权即海权"战略的实施贡献了力量。

虽已年近八旬，唐启升仍干劲十足。他致力于总结和发展形式多样的健康、生态和多营养层次的新生产模式，探讨发展以养殖容量为基础的生态系统水平的水产养殖管理，为保障国家食物安全、促进生态文明建设持续努力。

束怀瑞（1929—　），果树学专家。2001年当选为中国工程院院士。对果树根系生物学与果树碳、氮营养有较深入研究。提出"看碳施氮，以氮促碳，养根壮树，优质丰产"等论点指导果树生产，创造百万亩果园节水节肥，平均产量由129公斤/亩提高到1010公斤/亩，是当时全国苹果平均产量的2.6倍，创经济效益56亿元。主持的"山东百万亩苹果幼树优质丰产大面积技术研究"项目获国家科学技术进步奖二等奖，"果园土肥水与优质丰产关系研究"项目获山东省科学技术进步奖一等奖。1953年加入中国共产党。

束怀瑞：
每个党员都要实干

秦伟利

> "每个党员都要考虑一下自己应该做什么，能做成哪些事情。定好了方向，坚持下去，要脚踏实地去干。虽然我已经90多岁了，但仍然要和大家一样继续奋斗、实干。"
>
> ——束怀瑞

慢慢地挺起胸膛，一位年过九旬的老人努力站得笔直，目视前方，神情庄重。"光荣在党 50 年"纪念章在胸前闪耀的那一刻，老人开怀地笑了，踏实和满足浮上他沧桑的面庞。

他是与果树相伴 70 余载的中国工程院院士、山东农业大学教授束怀瑞。入党近 70 年，他投身果树学领域，只干了一件事——研究果树根系和果树营养，找寻让果树丰产增收、提质增效的秘诀，帮助农民脱贫致富。

谈到束怀瑞与党的"初识"，要把时针拨回到他的年少时。

那是 1948 年济南解放的时候，19 岁的束怀瑞亲眼所见，"这样一支爱民为民的人民解放军、一群无私奉献的共产党干部进了城，又有谁不对共产党心向往之"。

1953 年 7 月 2 日，束怀瑞光荣地加入中国共产党。入党时，老书记华山语重心长地说："党员要成为标兵和楷模，党员要勇于担当重任。"这句话，束怀瑞时刻谨记，任日晒雨淋、风霜相逼，共产党员的责任与担当，他从未忘却。

"果树种植在大地上，农业科研人员也不能离开土地，要关注农业、关心农民，对农民负责。"作为农业科学家，这是束怀瑞的工作准则。

20 世纪 50 年代，国家为保证粮食生产，实行果树"上山下滩"政策，果园大多建在山岭、河滩地，如何保证果树在土壤条件较差的环境下稳产增产，成为果树学专家研究的重要课题。束怀瑞在调查中发现，果树研究大多只考虑地上部分，却忽视了地下部分。于是，1954 年开始，他和同事们一起建根窖，到地下观察、研究果树根系生长动态，这一研究就是几十年。其间，他们在根系发生演化规律、根系的层次习性及局部效应等方面取得许多重要成果，有力推动了苹果栽培技术创新。

1982 年，沂蒙山区 5 万余亩苹果树面临绝产。年过五旬的束怀瑞挺身而出，带着学生一头扎进了果园，每天挖土分析测量，从天亮忙到天黑。为了不给老乡添负担，他饿了就啃口烧饼，累了就在地头歇会儿。日复一日地试验，他提出了简单易行的"地膜覆盖穴贮肥水"技术。一经实施，第二年，已经七八年不结果的苹果树结了果，果园每亩增产 200 公斤以上。这项技术至今仍被我国西部干旱地区广泛应用。

束怀瑞常常称自己是"有点专业知识的农民"，他说，"农民致富后的笑脸对我来说就是最好的回馈"。70 多年科研生涯，他近一半时间都在果园田地里度过，心中最挂念的，始终是农民。

为"三农"事业培养更多优秀人才，更被束怀瑞视为职责所在。为入学新生、毕业生上思政课，为青年党员上党课，是他多年的坚持。新中国果树学发展史、山东农业大学校史中的红色基因，他都能娓娓道来。

对于学科建设，他也始终强调党员的责任与担当，"每个党员都要实干。如果能把党员的先锋模范作用发挥好，学科就带起来了"。

束怀瑞总是说："一个人要把自己的事业和国家的需要结合起来，对自己从事的事业要有光荣感和责任感。"如今，这位年过九旬的"农民科学家"有了新目标——"乡村振兴的路上需要我，我还要把知识奉献给国家和人民"。

汤钊猷（1930— ），肿瘤外科学家。1994年当选为中国工程院院士。复旦大学（中山医院）肝癌研究所所长，美国和日本外科学会名誉会员。曾两次担任国际癌症大会肝癌会议主席。早年从事肝癌早诊早治研究，大幅提高疗效，撰写的《亚临床肝癌》（英文版）被国际肝病学奠基人汉斯·波珀誉为"人类认识和治疗肝癌的重大进展"。近年从事肝癌转移方面的研究，建成转移性人肝癌模型系统。获国家科学技术进步奖一等奖、美国癌症研究所"早诊早治"金牌奖，以及全国五一劳动奖章和白求恩奖章。1959年加入中国共产党。

汤钊猷：
因为入党，立志努力工作报效国家

田雅婷

"入党是我一生的重大转折，因为入党，我立志努力学习，报效国家；立志努力工作，为国争光，认定了这一生要救死扶伤、攻坚克难。"

——汤钊猷

从医执教 70 载，汤钊猷院士生动诠释了中国共产党人坚定的理想信念。

1930 年，汤钊猷出生于广州的一个知识分子家庭。在那个战火纷飞的年代，他深刻体会到"落后就要挨打，人民处于水深火热之中"。

"不为良相，便为良医"，从那时起，他便坚定了听从父亲要他当医生的想法。1949 年上海解放，19 岁的汤钊猷考入国立上海医学院。

他深深感到，如果没有新中国，他是不可能有学习医学的机会的。他暗下决心，"努力学习，报效祖国，做一名好医生"。

1959 年 3 月，汤钊猷如愿成为一名光荣的共产党员。他明白，"为人民服务"不再是一句单纯的口号，而是要用一生为之奋斗的目标。此前，汤钊猷从事血管外科的工作长达 10 年。只因国家需要，他便"改行"搞肝癌临床研究。当时我国的肝癌研究领域还是一条少人问津的荒芜之路，路的两旁是挣扎在死亡线上的患者们。从那时起，汤钊猷的"初心"就是两个字——救命。

当时，人类对肝癌的研究已有近百年的时间，"不治之症""癌王"是人们对肝癌的第一印象。汤钊猷一头扎进肝癌临床研究，终于在 20 世纪 70 年代，领导解决了肝癌早诊早治的关键问题，使肝癌由"不治之症"变为"部分可治之症"。尤其是他提出的"亚临床肝癌"概念，被国际肝病学奠基人汉斯·波珀誉为"人类认识和治疗肝癌的重大进展"。汤钊猷也因此于 1979 年荣获美国癌症研究所"早诊早治"金牌奖，此后他成为第 15 届、第 16 届国际癌症大会肝癌会议主席。多年后，美国得克萨斯大学 MD 安德森癌症中心还在索要由他建立的肝癌转移数据模型。

50 余年的时光，他终于看到肝癌患者的生存期从 5 年延长到 10 年、20 年、40 年，大量患者存活至今。他作为第一完成人，两次获得国家科学技术进步奖一等奖，还获得吴阶平医学奖和陈嘉庚科学奖生命科学奖等奖项。此外，他心系群众，致力于癌症防治的科普推广，撰写了《肝癌漫话》等科普读物。

作为医学教育家，汤钊猷在医学科研和医学教育方面均有论述。作为全国重点学科肿瘤学的学科带头人，他争取到数千万元的基金，使研究所的建设达到较高的水平。对身处新时代医学路上的"追梦人"，汤钊猷送给他们两句话："严谨进取、放眼世界、锲而不舍、振兴中华""需求出发、中国特色、和谐包容"，并强调，一切临床研究务必由"从SCI出发"转为"从需求出发"。

时代变迁，初心不变。在汤钊猷眼中，"对我们医生而言，提高患者的疗效就是硬道理。所以，我们做任何研究一定要使病人受益，一定记住不能只为论文而研究"。

回望与肝癌搏击的大半生，汤钊猷说："入党是我一生的重大转折，因为入党，我立志努力学习，报效国家；立志努力工作，为国争光，认定了这一生要救死扶伤、攻坚克难。"

如今，这位站在医学巅峰的老共产党员心中仍有牵挂。我们依旧面临"看病难、看病贵、看不好病"的问题，我们的医学如何惠及14亿人口？在重大疾病面前，在巨额医药费面前，有多少家庭能从容面对？这些都需要我们拿出既高精尖新又多快好省的治疗办法。汤钊猷提醒后辈，在全心全意为人民服务、一切为了病人的道路上，要昼夜兼程，须臾不得松懈。

闻玉梅（1934—　），医学微生物学家。1999年当选为中国工程院院士。复旦大学医学分子病毒学教育部/卫健委重点实验室教授。曾任中国微生物学会理事长、教育部/卫健委重点实验室主任。主要研究领域为乙型肝炎病毒的分子生物学与免疫学，在乙肝病毒变异、持续感染机制研究方面有突出贡献，是我国治疗性乙肝疫苗的开拓者之一。获"全国劳动模范""上海市三八红旗手""全国三八红旗手"等荣誉称号，2019年获教育部杰出教学奖。1956年加入中国共产党。

闻玉梅：
科研的目的是为人民服务

张亚雄

　　"科研的目的就是为人民服务，我的终身志愿就是为人民解除疾苦。"

——闻玉梅

80 多岁的闻玉梅，与病毒打了一辈子交道。面对重大疫情，她曾多次以身涉险，甚至用自己的身体做试验。在她看来，人与病毒的抗争，是永恒的课题，也是严峻的考验。人与病毒之间的平衡博弈，需要依靠科学，更需要凭借智慧来理解与认识。

1934 年，闻玉梅出生于一个书香之家。20 世纪 60 年代，她选择将病毒学作为研究领域，首选方向就是乙型肝炎防治。

1971 年，全国大面积爆发红眼病，为了在最短时间内找出红眼病的"真凶"，闻玉梅和另一位医生把病人的眼泪经过除菌过滤后滴到自己的眼睛里做试验，证明了引起红眼病的是病毒，只需要用生理盐水来洗眼就能治疗，大大节省了国家的医疗资源。

1988 年，为解决慢性乙肝患者多年疾苦的难题，闻玉梅创新性地开展了"复合物型治疗性乙肝病毒疫苗"的研发工作，自此 30 余年坚持不懈。面对至今尚未解决的全球性难题，她以愚公移山的精神不断探索着。

2003 年，当"非典"肆虐之时，受钟南山院士之邀，年近七旬的闻玉梅赶到广州，亲自进入生物安全防护三级实验室，研制灭活 SARS 病毒的免疫预防滴鼻剂。而闻玉梅的丈夫——我国知名儿科专家宁寿葆教授对此非常理解和支持，坚定地站在她的身后。

2020 年初，新冠肺炎疫情汹涌而至。疫情初起之时，闻玉梅连夜第一时间撰写科普文章，为疫情防控发出权威声音。在全国抗疫压力巨大、民众情绪紧张的时候，她与汤钊猷、邱蔚六、戴尅戎等 12 位院士联名向上海市民发出倡议书，倡议全市"医患同心、全民同行，守护健康、敬畏自然、珍爱生命"。此后，她积极参加多次疫情防控新闻发布会，深夜做客媒体节目，尽己所能进行科普。

2020 年 2 月 7 日，作为上海市新冠肺炎疫情防控科技攻关专家委员会主任，闻玉梅指导她所在的实验室经过合作研究，在获得标本的三天内即成功分离并鉴定出上海的新型冠状病毒毒株。分离出病毒株就可以实时进行药物筛选以及抗体中和试验，并对病毒变异进行监测，大大加速了抗击新冠病毒的科研进展。闻玉梅也因为抗击疫情做出的贡献，荣获"上海市抗击新冠肺炎疫情先进个人"和"上海市最美守护人"称号。

闻玉梅始终笃信，为国家培养人才，不是一时的任务，而是一生的使命。50 多年来，她在复旦大学上海医学院培养了几十届学生，其中有不少人已经成为所在领域的学科带头人。"用心做人，用心育人"，是闻玉梅作为共产党员在培养人才过程中崇尚的格言。她说，"教育的本质是为民解忧，为国担当""科研的目的就是为了人民，我的终身志愿就是为人民解除疾苦，可是单靠一个人是不行的，所以要培养人"。

自 1956 年加入中国共产党以来，60 余载的时间里，闻玉梅积极躬耕科研与教学。从一手创办医学分子病毒学实验室，指导建立生物安全防护二级实验室，到战乙肝、抗"非典"，再到如今抗击新冠肺炎疫情，虽然已届耄耋之年，但她始终不忘初心，把党和国家、人民的利益摆在首位。如今，望九之年的闻玉梅依然信仰如山，信念如铁，信心如磐。

刘耀（1937— ），法医毒物分析学家。2001年当选为中国工程院院士。曾任公安部物证鉴定中心主任、中国人民公安大学副校长。从事法庭科学工作50余年，主持或参加20项国家级和省部级科研项目，多次获国家级和省部级科技奖励；筹建并发展了我国刑事技术标准化工作；筹建了公安部物证鉴定中心；长期担任印度—太平洋法医和法庭科学协会副理事长，国际法庭毒物学家学会会员和中国地区代表，获得泛美法庭科学会授予的"对中国和世界法庭科学做出突出贡献奖"。1961年加入中国共产党。

刘耀：
领航公安科技，矢志服务人民

田雅婷

"择一事，终一生。以高尚的道德情操和赤诚的为民之心，肩负时代使命，献身我国科技事业。"

——刘耀

青年时期，刘耀就立志献身公安事业。1963年大学毕业后，他毅然选择投身公安事业。

"文革"期间，他被下放农村，在艰难困苦的环境下，刘耀仍胸怀远大理想，以"咬定青山不放松"的韧劲，坚持刻苦学习，深耕专业领域，自学英语，时刻准备着重返工作岗位，继续报效国家。

作为一名党龄超过60年的老党员，参加工作近60年来，刘耀始终无怨无悔、默默耕耘，战斗在公安科技创新、办案实战一线，积极谋划我国刑事科学技术发展方向，全力推动我国法庭科学事业进入世界前列。如今，虽已是满头银发的耄耋老者，但他仍然坚持每天工作，为我国法庭科学专业发展规划、科研创新、人才培养不遗余力、呕心沥血，以为人师表的实际行动，深刻诠释了一名公安科技警察对党和人民的无限忠诚和赤子情怀。

20世纪80年代，面对我国法庭科学落后的局面，刘耀勇担使命，推动我国法庭科学走上现代化发展道路。1980—1982年，刘耀被公派赴美国南加利福尼亚大学进修。两年时间里，他争分夺秒、刻苦钻研，仅用半年时间就完成了别人需要一年时间才能完成的学习计划，并利用空余时间学习和掌握了更多的先进分析手段和技术，学会熟练使用气相色谱-质谱联用仪等当时世界上最先进的分析仪器，并将其引入国内。

回国后，他率先开展毒物分析实验室的标准化建设工作，在国内法医界首次提出毒物分析质量控制技术，建立起8组55种常见毒物分析的质量控制方法，逐步使我国法医毒物分析技术整体达到国际先进水平。同时，他积极建言献策，参与制定国家"七五"至"九五"建设发展规划和公安刑事技术中长期发展规划；筹建公安部物证鉴定中心，负责全国重大疑难案件的现场勘验、物证鉴定工作；搭建全国物证检验鉴定工作体系，主持制定系列物证检验鉴定行业标准和部门技术法规，推动成立全国刑事技术标准化技术委员会，为构建完善的司法物证鉴定体系奠定了坚实基础。

刘耀善于把握刑事技术前沿，科学谋划法庭科学发展方向，牵头制定了我国反恐技术领域第一部中长期研究规划，为开展领域内中长期关键技术研究和装备研制、提升应对处置相关案件能力提供了重要指南。他牵头完成"十一五"国家科技支撑计划项目"人体个体识别与物证溯源关键技术研究"，研制的爆炸残留物检测技术和装备，填补了领域空白；2017 年牵头承担中国工程科技中长期领域战略研究项目，绘制出技术路线图，并形成院士建议，为我国相关案件的防范和应急处置提供了决策依据。

1986 年、1989 年，刘耀先后当选印度—太平洋法医和法庭科学协会副理事长以及国际法庭毒物学家学会中国地区代表，并于 1997 年当选为中国法医学会会长。在走向国际、引入先进理念和技术方面，他发挥着不可替代的桥梁纽带作用。他利用担任国内国际学术组织重要职位的契机和广泛影响力，积极推动我国法庭科学走上世界舞台，开启了我国法庭科学领域"对外开放"的全新历程。

不仅如此，刘耀还非常注重刑事科学技术领域的可持续发展和传承，关心关爱青年技术人员成长，多年来为公安科技事业培养了大批高素质人才。

择一事，终一生。多年来，刘耀以高尚的道德情操和赤诚的为民之心，肩负时代使命，献身我国科技事业，感染激励着无数公安科技人员投身于伟大的公安事业，忠实践行了"人民公安为人民"的庄严承诺，深刻诠释了新时代科学家崇高的人生追求和深厚的家国情怀。

陈香美（1951— ），肾脏病学家。2007年当选为中国工程院院士。解放军总医院主任医师、教授，肾脏疾病国家重点实验室、国家慢性肾病临床医学研究中心及国家肾病专业医疗质量管理与控制中心主任，第十三届人大代表。创建IgA肾病、老年肾损害等诊治关键技术，主持制定了《血液净化标准操作规程》及20余项肾病诊治临床指南和专家共识，统领血液净化和肾脏病医疗质量管理与改进，推进尿毒症列入国家大病保险；引领地震挤压综合征救治。发表论文1000余篇，主编专著20部。以第一完成人获国家科学技术进步奖一等奖、二等奖以及创新团队奖和全国创新争先奖。荣立个人一等功1次、二等功2次。1994年加入中国共产党。

陈香美：
永远把病人放在第一位

金振娅

"作为军医，既要以爱国之心为国家争得荣誉，也要以医者仁心为患者解决病痛。"

——陈香美

"每天工作 8 小时,是出不了科学家的",这是陈香美常说的一句话。

为解决肾脏病和尿毒症的诊治难题,1983 年陈香美远赴日本北里大学留学。从踏进实验室的第一天起,她每天工作到凌晨,休息几小时后,次日 8 点又会准时出现在实验室。导师笑称她"4 年干了 8 年的工作"。寒来暑往,学成后,陈香美谢绝了导师挽留,回到祖国,经特招入伍,担任解放军总医院副教授,后担任肾脏病科主任。

30 余年如一日,陈香美领导团队每天加班加点,实验室的灯就像长明灯。正是这份艰辛付出,她推动原来 12 张病床的解放军总医院肾脏病科,跨越式发展为 7 个病区及 2 个血净中心的肾脏病医学部,成为全国唯一集国家重点学科、国家重点实验室、国家临床医学研究中心,以及国家医疗质量管理与控制中心"四位一体"的肾脏病学领域公认的领先科室。

我国已有大约 1.2 亿慢性肾脏病患者,其中,IgA 肾病最为常见,是导致尿毒症的首要原因,由于缺少特异性诊治手段,其治疗成为世界性难题。陈香美守正创新、汇通中西,揭示了 IgA 肾病进展新机制,创建了优于传统医学和现代医学的 IgA 肾病中西医病症结合的理论体系与创新治疗技术,在全国 3000 余家医院推广,使 IgA 肾病导致的尿毒症患病率明显下降,疗效达到国际领先水平。2016 年,她获得肾脏病领域首个国家科学技术进步奖一等奖。

自 21 世纪以来,我国人口老龄化形势严峻。陈香美作为首席科学家,2001 年成功申报了衰老领域第一个 973 计划项目。近年来,在 3 个 973 计划项目的资助下,她带领团队,系统地提出了延缓肾脏衰老,以及老年肾脏病、老年肾衰竭和老年多器官衰竭的防治新方法,为实现健康老龄化提出切实可行的措施。陈香美以第一完成人两次获得国家科学技术进步奖二等奖(2006 年和 2010 年)。

"我不仅是解放军总医院的肾脏病专家，更是全国肾脏病患者的医生。"作为我国肾脏病学科的领军人，陈香美以强烈的社会责任感与严谨的科学态度，创建了国际上信息最为完整的三级管理全国血液净化病例信息登记系统，获取我国8000余家血液透析、腹膜透析中心，近150万名血液透析、腹膜透析患者的大数据，填补了国内外空白；牵头建立覆盖全国的肾脏病学专业医疗质量管理与控制网络体系，培训基层医疗机构人员；开展国产血液透析和腹膜透析产品临床评价，明显降低了血液净化治疗的医疗费用。

在陈香美心里，作为一名军医，国家有灾、人民有难时，当然要冲在最前沿。不论是2008年汶川地震，还是2013年芦山地震、2014年鲁甸地震，她都奔赴一线，建立国际地震伤员救治标准，创新危重症伤员救治技术，救治成功率高于国际标准。在新冠肺炎疫情发生的第一时间，她牵头制定了肾脏病和血液透析诊疗过程中的新冠肺炎疫情防控专家共识，指导全国肾脏病领域的新冠肺炎疫情防控。她还曾获得国家科技进步创新团队奖（2014年）和全国创新争先奖（2020年）。

"我已经70多岁了，一个人再能干，又能服务多少病人？走多少基层？"面对辽阔祖国对优秀人才的迫切需求，30余年来，陈香美教书育人，她的学生中，10人次曾担任国家重大科研项目首席科学家和课题负责人，50余人成长为全国多地医疗机构肾脏病科的学科带头人，他们成为引领全国肾脏病学发展的生力军。

"要永远把病人放在第一位，我一路都在奔跑，也会感到疲劳，但只要还有余力，就想再做点事情。"陈香美认为，"党和国家培养了我，为党和国家服务是我的责任所在。"

庞国芳（1943— ），食品科学检测技术专家。2007 年当选为中国工程院院士。致力于食品科学检测技术理论与实践研究，在农药兽药残留微量分析技术领域进行了开拓性研究工作；在检测技术标准化、工程化方面颇有建树，促进了我国相关行业外贸的发展；研究制定了 142 项国际、国家检测技术标准，为我国食品科学检测技术进步做出突出贡献。获国家科学技术进步奖二等奖 3 项、美国分析化学家协会（AOAC）最高科技荣誉奖——哈维·威利奖等国际奖项 8 项。1971 年加入中国共产党。

庞国芳：
解决国家与人民急需就是最大的创新

詹 嫒

"一个科技工作者的脉搏跳动要与国家需要、人民需要一脉相通，与国际接轨相连，创新是一个科技工作者的天职。"

——庞国芳

2021 年 7 月，年近 80 岁的庞国芳参加了 2021 青岛国际标准化大会，他的目光始终紧盯着我国农药残留检测技术标准化研究的发展，"只有把标准做得先进、做得齐全，才能保障我们的食品质量"。

作为食品科学检测技术专家，庞国芳深知食品安全关系民生。他组织团队连续 12 年开展了 4 期中国工程院食品安全重大咨询项目研究，针对食品安全所面临的病原微生物、环境污染、非法添加和欺诈、营养健康与慢病等问题，提出了战略建议。

"要敢于迎接挑战，解决国家急需、人民急需，就是最大的创新"，作为一名共产党员，这是庞国芳对自己的要求。

"提高我国食品营养与民众健康水平　制订 2016—2025 行动计划""奶牛生产性能测定——大数据统领我国奶业创新驱动转型发展""加强水果蔬菜农药残留监测及风险控制　提高食品安全水平"和"'一带一路'倡议下加快我国植物油产业'走出去'"……身为院士，庞国芳的研究十分"亲民"。在他心中，一餐一饭的健康安全，不只是食品安全问题，还关系到国泰民安、国家形象。

庞国芳第一次意识到这一点，是在 1989 年。当时，国际上对农药残留研究的重点仍放在单一农药品种、单一基质的分析方法上，他带领团队前瞻性地开展了适用于水果、蔬菜、粮谷等各种农产品，也通用于多类别农药的同时测定方法。他的团队走了一条前人没有走过的路，经过 4 年研究，成功建立了包括拟除虫菊酯类农药的多残留分析方法。

1994 年，日本稻谷歉收，要紧急从中国进口 110 万吨糙米，但条件苛刻，仅要检测的农药残留指标就多达 60 多项，其中包括拟除虫菊酯类新型农药。庞国芳团队创新分析方法，在对日出口糙米的检验中发挥了重要作用，出色完成了这项委托检验任务。此外，他还承担了华北地区出口大米的检验，并为东北地区培训了检验人员，同时，将检验方法印发全国各有关商检局，统一应用于出口大米的检验。

庞国芳总是说："科技工作者的脉搏跳动要与国家、人民需要一脉相通，与国际接轨相连。"1997年，他组织6个国家和地区的14个实验室参加了农产品中拟除虫菊酯类农药残留检测方法的国际协同研究，开创了中国学者组织研制 AOAC 标准方法的先河。

1998年，庞国芳带领团队普查了中国蜂蜜碳同位素比值的分布规律，最终证实中国蜂蜜碳同位素比值分布规律与美国怀特博士在美国的研究结果一致，对化解中美之间蜂蜜贸易摩擦、帮助中国蜂蜜顺利进入国际市场起到了极大的促进作用。

2008年，国务院政府工作报告中提出，为保障我国食品、药品和其他消费品安全，要完成7700多项国家标准的制定修订工作，庞国芳团队承担了其中的79项。这些标准到目前为止，仍然在我国食用农产品农药兽药残留检测中发挥着重要作用。

2012年，庞国芳研究建立了1000多种农药高分辨质谱的电子身份证数据库，实现了农药残留检测由靶向检测升级为非靶向筛查的跨越式发展。

2014年，因在检验检测领域的突出贡献，庞国芳获得了 AOAC 颁发的哈维·威利奖，成为第一位获此殊荣的中国学者。2019年，他收到了印有 AOAC 标志的珍贵手表，这是该组织授予他的"AOAC 25年会员服务奖"。庞国芳非常珍视这块手表，在他看来，"这是用宝贵的时间堆积起来的奖，也是国际上对中国检验检测水平的肯定"。

王俊（1963— ），胸外科专家。2019年当选为中国工程院院士。北京大学人民医院院长，教授、博士生导师，国家卫健委胸外科内镜诊疗技术专家组组长、中国抗癌协会肺癌专业委员会主任委员、中国医师协会毕业后医学教育胸心外科专业委员会主任委员。在我国最早成功开展电视胸腔镜手术，创建了我国肺癌微创综合诊疗技术体系，探索出绝大多数胸腔镜手术的中国术式，并一直在手术例数和难度上居领先地位。主持制定了胸腔镜手术的国家规范，引领我国胸外科完成了从传统开胸到现代微创的转型升级，推动了我国肺癌微创手术的普及。获国家科学技术进步奖二等奖、光华工程科技奖等奖项。

王俊：
救死扶伤是我的本分

金振娅

"我留在美国，顶多给美国增加一个好医生而已，而我回到祖国，可以发挥更大的作用！"

——王俊

在王俊眼中，一台手术就相当于一场战斗，拿起手术刀就意味着战斗打响了，每一步都得想好应该怎么走。

"王大夫"是王俊最喜欢的称谓。身为北京大学人民医院胸外科暨胸部微创中心主任，王俊坚持每周出门诊两次，每天完成两三台手术。

已是中国工程院院士的王俊，尽管科研任务与日俱增，但他始终放不下一线临床。"能看到病人高高兴兴地出院，就是他最大的享受。"他的学生这样说。

胸腔镜被公认为是半个世纪以来胸外科领域最大的技术革命。在这项技术的应用上，我国始终保持世界第一方阵的水平，这得益于王俊持之以恒的付出。

作为改革开放后人才缺乏时期成长起来的新一代医生，王俊逐渐发现了胸外科领域存在的诸多问题，首先就是患者"开胸"的痛苦：切口大、创伤大、并发症多。

20世纪90年代初，胸腔镜手术在欧美刚刚出现，当时还很年轻的王俊，敏锐地捕捉到国际外科医学发展的趋势。1991年，美国完成了首例胸腔镜手术；次年，王俊就成为我国境内实施胸腔镜手术的第一人。

与其他学科相比，医学领域的新鲜事物总难以被世人接受：患者不信任，同行不认可，愿意选择做胸腔镜手术的人少之又少。

虽然困难重重，但功夫不负有心人。经过一位又一位患者康复后的口口相传，胸腔镜手术逐渐被社会认可。如今，我国胸腔镜手术数量已占胸外科手术数量的90%以上。

正因为对胸腔镜手术的特殊贡献，1997年，王俊获得美国胸心外科学会格拉汉姆奖学金，当时他才34岁。这个奖学金每年全世界仅授予1人，王俊成为胸外科领域首位获此殊荣的中国学者。

彼时，一边是美国多家医院的优厚待遇，一边是祖国对人才和技术的迫切需求，王俊毫不犹豫选择了回国。飞机落地的那一刻，王俊说他找到了回家的感觉，也找到了他将为之奋斗的目标——用自己的技术回报国家深深的养育之情。

时光飞逝，如今，活跃在临床一线的胸腔镜专家，80% 以上经由王俊团队教育、培训。他引领着我国胸外科实现了从传统开胸到现代微创的历史变革。

"三十年俯首耕耘，引学界瞩目。中国胸外科微创技术遥遥领先，你，却像泥土一样厚重平凡。"2019 年，九三学社为王俊颁发"九三楷模"奖章，颁奖词是对他最贴切的评价。

功成名就，但王俊对医学的探索未曾止步。一些肺癌病人的肺门大血管旁，常被一些异常增生肿大的良性淋巴结包绕，手术难度远高于肺门解剖清晰的患者。为此，王俊潜心探索 10 多年，最终找到解决方案，后来这一方案被国际胸外科界赞为"王氏技术"。

医道至上，追梦无影灯下；医者仁心，介怀大众心安体健。

"作为一个外科医生，目前我还处于最黄金的时期，我应该把最好的时间奉献给我的病人。"回望来路，王俊无限感慨，"救死扶伤是我的本分，我永远不会停止我的追求！"